멜리츠
학습법

멜리츠 학습법
ⓒ 생명의말씀사 2024

2024년 12월 26일 1판 1쇄 발행

펴낸이 | 김창영
펴낸곳 | 생명의말씀사

등록 | 1962. 1. 10. No.300-1962-1
주소 | 서울시 종로구 경희궁1길 6 (03176)
전화 | 02)738-6555(본사)・02)3159-7979(영업)
팩스 | 02)739-3824(본사)・080-022-8585(영업)

지은이 | 최윤식, 마상욱, 최종학, 김세광

기획편집 | 서정희, 김자윤, 장주연
디자인 | 김혜진
인쇄 | 영진문원
제본 | 보경문화사

ISBN 978-89-04-16886-6 (03230)

저작권자의 허락 없이 이 책의 일부 또는 전체를
무단 복제, 전재, 발췌하면 저작권법에 의해 처벌을 받습니다.

MELITZ

멜리츠 학습법

AI 기반, 가장 똑똑한 크리스천 공부법

최윤식
마상욱
최종학
김세광

생명의말씀사

추천사

● **김두식** (로고스국제크리스천 학교 교장)

AI 기반 멜리츠 학습법은 교육과 신앙의 깊은 통찰을 바탕으로, 학습자 중심의 새로운 교육 패러다임을 제시합니다. 이 학습법은 중재자로서의 AI의 역할을 통해 학습자의 필요와 수준에 맞춘 개인화된 교육 경험을 제공하며, 교사의 역할을 보완하는 귀중한 도구가 될 것입니다. 특히 성경적 중재자의 개념을 바탕으로 학습자와 지식 사이의 간극을 메우는 방식은 신앙교육의 핵심 가치를 잘 담아냈습니다.

로고스국제크리스천 학교는 학생 한 명 한 명의 독특한 재능과 성장을 소중히 여기는 교육을 지향합니다. 이 책은 우리가 지닌 신앙적 사명과 현대 기술의 가능성을 결합하여, 새로운 교육적 도전을 실현할 방향을 제시합니다. 학습의 본질을 다시금 생각하게 하고, 학습자의 성장에 있어 신앙과 지혜가 어떻게 결합될 수 있는지를 보여 주는 이 책을 강력히 추천합니다.

● **김종혁** (대한예수교장로회 합동측 총회장)

하나님의 창조 질서 안에서 인공지능은 우리에게 주어진 또 하나의 귀한 도구입니다. 이 책은 AI를 활용하여 학습 격차를 줄이고, 모든 세대가 공평한 배움의 기회를 누릴 수 있도록 돕고자 하는 저자들의 열정과 노력이 담겨 있습니다.

특히, 멜리츠 학습법은 AI와의 협업을 통해 다음 세대가 하나님 나라를 위한 지혜와 능력을 키워 가는 데 실질적인 길잡이가 될 것입니다. 교육의 혁신과 신앙적 사명을 함께 이루기 위해 이 책을 모든 이들에게 추천합니다.

● **최제훈** (학생, UCLA 컴퓨터 엔지니어링 전공)

저는 UCLA에서 컴퓨터 엔지니어링을 공부하고 있는 대학생입니다. 수학이 어렵고 지루하게 느껴지는 친구들이 있을 겁니다. 저도 그랬습니다. 중학생 때까지 수학이 정말 어려웠습니다. 그래서 저보다 더 쉽게, 더 재미있게 수학을 배울 수 있도록 이 책을 추천하려고 합니다.

이 책은 수학에 대한 두려움을 없애는 놀라운 방법을 알려 줍니다. 인공지능으로 공부하는 것은 답안지를 보며 문제를 푸는 것과는 전혀 다른 경험이었습니다. AI가 제게 문제를 푸는 법, 즉 생각하는 법을 가르쳐 주었고, 내 실력 중 어떤 부분이 부족한지를 명확하게 알려 주었습니다. 이 책을 통해 수학은 암기 과목이 아니라는 것을 체험하게 되었고, 오히려 수학이 지루하고 재미없다는 생각을 완전히 뒤집게 되었습니다. AI는 우리가 자주 틀리는 유형을 파악하고 그 부분을 더 연습할 수 있도록 맞춤형 문제를 제공해 줍니다. 그리고 우리가 좋아하는 주제를 활용해 수학을 설명해 주니, 훨씬 더 흥미롭게 배울 수 있습니다. 예를 들어, AI와 함께 제가 관심 있는 게임과 연결지어 수학 문제를 풀면 이해가 더 잘 되었고 재미있게 느껴졌습니다. 대학교 수준의 수학 공부를 해야 하는 저에게도 정말 많은 도움이 되었습니다. 수학을 문제집 안의 문제로만 생각하는 것이 아니라, 실제 생활 속에서 적용할 수 있는 도구로 볼 수 있게도 했습니다. AI 기반 멜리츠 학습법을 사용해서 내가 배운 수학이 실생활에서 어떻게 쓰이는지 알아 가면, 수학을 더 흥미롭게 느낄 수 있을 것입니다.

또한 이 책의 좋은 점은 여러 과목에서 AI를 활용해 공부하는 놀라운 방법들을 알려 준다는 것입니다. 예를 들어, 영어를 공부할 때 AI와 대화하면서 발음이나 문법을 자연스럽게 고칠 수 있습니다. AI가 바로 피드백을 주니까 마치 외국인 친구와 대화하는 것처럼 재미있습니다.

또한 컴퓨터 공학을 공부하는 저로서 이 책이 가장 인상 깊었던 것은, AI를 '사고력을 키우는 도구'로 활용하는 법을 가르쳐 준다는 점입니다. 멜리츠 학습법에서 소개하는 10단계 학습 과정은 여러분이 스스로 공부하는 힘을 키워 주고, 메타인지 능력을 개발해 줍니다. 메타인지는 자신의 생각을 돌아보고 학습 과정을 점검하는 능력입니다. 이를 통해 혼자서도 계속해서 배우고 학습 과정을 더 효율적으로 만들 수 있습니다. 스스로 더 나은 사람이 되어 가는 것을 느낄 수 있을 것입니다.

자기주도적 학습도 아주 중요한 능력인데, AI를 활용해 맞춤형 피드백을 받으면, 어느 부분에서 더 공부해야 하는지 명확하게 알 수 있습니다. 공부가 훨씬 더 체계적이고 효율적으로 변합니다. 여러분이 스스로 학습 계획을 세우고 AI와 함께 목표를 달성하며 책임감과 자기 통제력을 기를 수도 있습니다. 이 모든 과정은 단순히 학습 성취도를 높이는 것뿐만 아니라, 삶의 다른 부분에서도 긍정적인 변화를 가져올 것입니다.

미래의 엔지니어나 과학자를 꿈꾸는 친구들, 그리고 공부가 좀 더 쉬워지고 재미있기를 바라는 모든 친구들에게 이 책을 추천하고 싶습니다. 멜리츠 학습법은 단순한 공부법을 넘어, AI라는 엄청난 도구를 활용해 더 효과적으로 배우고 성장할 수 있는 기회를 제공합니다. 저처럼 이 책을 통해 학습의 재미를 발견하고, 꿈을 이루는 데 큰 도움이 되기를 바랍니다.

> **멜리츠 학습법 사용자들의 생생한 이야기**

- "내가 원하는 대로 가르쳐 주고 문제의 답을 맞히면 열렬히 칭찬도 해 줘서 성취감이 느껴졌어요. 부족한 부분을 AI가 알아서 문제도 만들어 주고 설명도 해 주니까 좋았어요."

- "일반적인 수학 학습은 어렵게 가르쳐 주는데 AI 과외 선생님은 내 수준에 맞춰서 개념 설명도 해 주고, 모르는 문제도 쉽게 가르쳐 줘서 이해가 잘됐습니다."

- "챗봇이 공부 계획도 짜 주고 일정도 관리해 주니까 앞으로 자기주도학습을 할 때 유용하게 쓰일 것 같습니다."

- "AI는 실생활에서 이해하기 쉬운 예시랑 같이 설명해 주고, 수학을 현실 세계와 연결지어 생각하게 만들어서 더 흥미롭고 의미 있는 학습을 할 수 있었어요."

- "챗GPT가 영어 개념을 체계적으로 잘 알려 주는 것 같고 내가 모르는 부분을 자세하게 알려 줄 수 있어서 유용하게 사용할 것 같아요."

- "AI가 발음을 정확히 분석하고 개인 맞춤형 피드백을 제공해서 내가 부족한 부분의 발음을 교정하도록 도와주는 게 좋았어요."

- "노래를 만드는 건 전문가만 하는 것으로 생각했는데 제 노래를 만들어 주는 SUNO AI를 보고 완전 빠졌어요. 친구들에게 내가 만든 노래를 카톡으로 보내주니까 다들 신기해하고 좋아했어요."

- "제가 하고 싶은 말을 노래로 표현할 수 있다는 것이 제일 신기했어요. 특히 내 인생 로드맵을 챗GPT로 만들고 로드맵을 SUNO를 통해서 노래로 만든 것이 너무 신기했어요."

AI 및 멜리츠 학습법 관련
진행된 주요 강연과 연구

- 경기도 인재개발원
- 정부부처 관계자 대상 AI 기술 강연
- 필리핀 선교사와 현지 교사, 의사를 위한 AI 강연
- (사)러빙핸즈 지도자 강의
- 고려대학교 산학협력단 주관 'S.W 2.0 디지털크리에이티브' 6주 과정
- 성결교단 외 여러 교단 노회 목회자 강의
- 중앙아시아 K국 선교사를 위한 AI 교육
- 미국 LA, 워싱턴 지역 AI 학습법 투어 세미나
- 부산수영로교회 청년부
- 포항 지역 목회자 세미나
- 합동 총회 AI봇 헌정 (총회장)
- 울산경남 목사 장로 세미나
- 서울영상고 AI 프로젝트 20차시 (영화, 웹툰 제작)
- NPU – AI융합교육학과 설립과 수업 설계
- 부산 엘드림학교(수영로교회 대안학교)
- 경북 바이오마에스트고
- 부평시 AI 교육 AI 활용 전문가 과정
- C채널 "AI와 목회" 출현
- 한지터(한국교회지도자교육센터) – AI 활용 강의 및 토의 논문
- 한국청소년박람회 "청소년지도자를 위한 AI 활용"
- 한국주니어사관연맹(J-ROTC) 교재 개발
- 기아대책 임직원 특강 – AI 활용 자기주도학습 및 진로 교육법
- 2050 미래학교 특강 기아자동차 챌린지 ECO 프로젝트
- 한양여대 10개 학과 AI 기반 교수 학습 방법 컨설팅
- Axnow.org 사이트 개발
- Dxchurch.org 사이트 개발
- 국토안전관리원 지원 교육용 〈챗GPT 활용서〉 개발

> **들어가는 글**

인공지능과
경쟁이 아닌 협업으로
시대를 주도하는 다음 세대

10년 후면 우리 아이들이 사회생활을 시작하는 미래입니다. 그러나 10년을 기다리지 않아도, 우리 아이들의 교육현장에서는 정보나 지식을 기억하고 생각하는 방법의 대변혁이 이미 시작되었습니다. 앞으로 우리 아이들의 공부 실력은 'AI를 활용하는 능력의 격차'가 결정하게 될 것입니다. AI를 사용하느냐 하지 않느냐, AI를 어떻게 사용하느냐가 좋은 학교, 좋은 교사, 좋은 학원을 선택하는 것보다 더 중요해질 것입니다. AI는 단순한 도구 이상의 의미를 가집니다. AI는 우리 아이들의 '확장 뇌' 또는 '입는 뇌'가 되어 학습을 도울 수 있습니다. AI와 함께 공부하고 생각하는 시대에서, 우리는 아이들이 AI와 경쟁하는 것이 아니라 협업하여 시대를 주도할 수 있도록 준비시켜야 합니다.

멜리츠 학습법은 이러한 변화의 시대를 맞아, 아이들이 AI를 활용해 자기주도적으로 학습할 수 있도록 새로운 접근법을 제시합니다. 멜리츠 학습법이 제시하는 10단계의 학습 프로세스는 AI를 활용한 효과적인 학습 방법을 체계적으로 보여 줍니다. 멜리츠 학습법을 실제 적용한 학생들의 피드백에서 볼 수 있듯이, AI는 눈치 보지 않고 질문할 수 있는 친구이자, 개인의 수준에 맞춰 설명해 주는 맞춤형 선생님이 될 수 있습니다. 특히 수학, 영어와 같은 교과목에서 AI의 도움으로 자신감을 얻고 학습 효과를 높일 수 있었습니다.

하지만 가장 중요한 것은 이 모든 과정에서 우리 아이들이 하나님이 바라시는 방향으로 성장하는 것입니다. AI 기술을 활용하되, 그 속에 있는 하나님의 뜻을 읽을 수 있는 세대를 만드는 것이 우리의 궁극적인 목표입니다. 변화의 파도를 이끌어 갈 자녀로 키우기 위해 AI를 가르치고, 그 기술을 통해 세상이 어떻게 변하게 될지 하나님께서 바라시는 눈을 가진 자녀들로 성장하도록 도와야 합니다.

...

매년 1월이면, 미국 라스베이거스에서 소비자 기술 협회(Consumer Technology Association, CTA)가 주최하는 CES(Consumer Electronics Show) 행사가 열립니다. 이 행사는 최고의 소비자 기술 분야 국제 박람회로, 글로벌 혁신가들이 모여 다양한 기술 혁신을 발표합니다. 2024년 CES 행사를 가장 뜨겁게 달구었던 기술은 단연 인공지능이었습니다. CES 2024 행사의 슬로건은 인공지능이 모든 산업 분야에 적용되어 전 세계 공통 과제를 해결하자는 의미의 "올 투게더, 올 온(All Together, All On)"이었습니다. CES 행사장 곳곳에는 생성형 인공지능의 대명사가 된 챗GPT가 탑재된 자동차를 시작으로 스마트폰, 컴퓨터, 쇼핑, 미디어, 건강 모니터링을 포함한 헬스케어, 금융, 가정용 로봇, 게임, 가상현실, 증강현실, 3D 프린팅 등 다양한 산업 분야에 걸쳐 AI 기술이 통합되고 활용된 모습이 펼쳐졌습니다. 2025년에도 인공지능 기술 열풍은 수그러지지 않을 것입니다.

저 역시 2024년 기술 트렌드를 예측하는 책에서 "2024년 최고의 기술은 챗GPT를 포함한 인공지능이다"라고 예측했습니다. 이런 미래를 '학습'에 적용해 보겠습니다. 앞으로 몇 년 이내에, 수능시험이 끝나고 전국 수석을 차지한 학생의 입에서 이런 인터뷰 내용이 나올 수 있습니다.

"인공지능은 제 친구입니다."
"이번 수능에서 만점을 맞는 데 인공지능의 도움이 결정적이었습니다."

2016년 3월, 인간과 인공지능 간의 세기의 대결이 벌어졌습니다. 세계 최고의 바둑기사 이세돌과 구글의 딥마인드가 만든 인공지능 바둑 알고리즘 '알파고(AlphaGo)'의 대결이었습니다. 이세돌을 포함해서 거의 모든 사람이 인공지능이 바둑에서 인간을 이기는 일은 불가능하다고 자신했습니다. 심지어, 인공지능을 연구하는 학자들도 같은 생각이었습니다. 바둑의 경우의 수는 우주의 원자 수보다 많기 때문에 불가능하다는 것이었습니다.

경기 전, 승부를 어떻게 예측하느냐는 질문에 이세돌은 4 대 1 혹은 5 대 0으로 자신이 이길 것이라고 웃으며 말했습니다.

"바둑에서 컴퓨터가 이길 수 있다는 생각은 너무나 어리석은 것입니다."
"바둑에서 가장 중요한 것은 협동과 창의성입니다. 컴퓨터는 그런 것을 할 수 없습니다."

대국을 지켜보는 전 세계 프로바둑 기사, 바둑 관계자, 바둑 애호가들의 생각도 똑같았습니다. 그러나 대국이 시작되고, 단 몇 분 만에 이세돌 9단의 얼굴에 잿빛이 돌기 시작했습니다. 다섯 번의 대국의 결과는 알파고의 4 대 1 승리였습니다. 2016년 3월은 이렇게 인간의 자부심이 산산조각난 시간이었습니다. 당시 저는 제4국을 관람하면서 "이세돌의 1승은 이후로 등장할 인공지능과의 경쟁에서 인간이 이긴 인류 역사상 유일무이한 승리로 기록될 것이다"라고 평가했었습니다. 알파고는 이세돌과 벌인 제4국에서 드러난 치명적 버그를 곧바로 개선하고 '알파고 마스터'로 발전했습니다. 그리고 2017년 5월 23~27일 중국 우전에서 열린 '바둑의 미래 서밋'에서 또 다른 인간 최고 바둑기사 커제(Ke Jie)와 3판 대국을 벌였습니다. 결과는 알파고의 전승이었습니다. 이때, 딥마인드는 커제와 대결한 알파고 마스터 버전보다 훨씬 더 강력한 버전인 '알파고 제로'에 대한 개발을 이미 끝마친 상태였습니다. 알파고가 인간계 최고 바둑기사 이세돌과 커제를 이긴 사건을 인공지능이 인간에게 안긴 첫 번째, 두 번째 충격이라고 평가해 보겠습니다.

2022년 11월 30일, 인공지능이 인간에게 안긴 세 번째 충격이 발생했습니다. 오픈AI라는 회사가 챗GPT라는 생성형 인공지능의 상용화를 시작한 것입니다.

세계 바둑 1인자 이세돌이 알파고에게 패배한 지 불과 6년이 지난 후였습니다. 이번에는 인간과 벌이는 세기의 대결은 없었지만, 파장은 IBM의 딥블루, 구글의 알파고를 수십, 수백 배 능가했습니다. 챗GPT 출현은 인공지능이 모든 인간의 삶에서 '작동'을 시작하는 인류 최초의 사건이며, 새로운 문명사를 시작하는 대변혁의 경계석입니다. 인류 역사상, 최초로 모든 인간이 모든 분야에서 인공지능과 함께 일하는 시대의 시작을 알리는 사건인 것입니다.

2024년 3월, 한국 프로바둑 최고 기사인 신진서 9단이 제25회 농심신라면배에서 한국의 마지막 주자로 출전해 파죽의 6연승을 기록했습니다. 셰얼하오, 커제, 구쯔하오 등 중국 최강 기사들을 전부 제압하고 대역전 우승의 주인공이 됐습니다. 한국 팀이 중국에 연패하며 절체절명의 궁지에 몰렸을 때, 마지막 남은 주자인 신진서 9단이 괴력을 발휘하며 일본 기사 1명과 중국 기사 5명을 연파하고, 극적으로 우승컵을 한국으로 들고 왔습니다. 중국 본토 전체가 탄식했고, 한국은 환호했습니다. 우승컵을 들고 한국에 입국한 신진서 9단에게 기자들이 우승의 비결을 묻자, 신진서 9단은 다음과 같이 말했습니다.

"나보다 더 뛰어난 AI와 함께 공부하기 때문에 더 발전할 수 있었습니다. AI는 인간과는 다르게 수학적으로 바둑을 풀어나가기 때문에 이를 받아들이면서 많이 배우고 있습니다."

기자들이 다시 물었습니다.
"신진서 9단에게 AI는 무엇이라고 생각합니까?"
신진서 9단은 대답했습니다.
"AI는 이제 친구라고 생각합니다."

앞으로, 생성형 인공지능 기술과 국민의 활용 능력은 국가 경쟁력 중 하나가 될 것입니다. 생성형 인공지능의 광풍과 영향력은 학교 교육에도 거대한 변혁을 일으켜서 앞으로 5~10년 이내에 초등학교부터 대학교까지 커리큘럼, 교수방식, 학습방식, 평가방식, 학생지도 등 교육 관련 모든 영역에 대변화가 일어날 것입니다. 인공지능의 미래를 이렇게 길게 설명하는 이유가 있습니다. 학부모들은 우리 아이들이 살아갈 미래가 우리와 다를 것을 잘 압니다. 하지만, 이것도 알아야 합니다. 미래가 아닌 지금 당장, 우리 아이들이 새로운 지식을 배우고 공부하는 방식도 우리 때와 달라진다는 것을요. 2022년 11월 30일, 챗GPT가 세상에 등장한 이후부터 우리 아이들은 인공지능과 함께 공부하고 배우고 생각하는 시대를 살게 되었습니다. 그렇다면, 두 가지 질문이 우리에게 주어집니다.

첫째, 인공지능을 활용해서 공부를 잘 하는 방법은 무엇인가?
둘째, 그리스도인으로서 '인공지능과 함께 공부하고 배우고 생각하는 시대'를 어떻게 이해하고 받아들여야 하는가?

이 책은 이 두 가지 질문에 대한 저자들의 고민이자 대답입니다. 먼저, "인공지능을 활용해서 공부를 잘 하는 방법은 무엇인가?"라는 질문에 대한 대답으로 우리는 'AI 기반 멜리츠 학습법'이라는 새로운 학습법을 소개합니다. 멜리츠 학습법은 교육과 기술의 교차점에서 새롭게 등장한 혁신적인 학습 접근법으로, 그리스어 'mesitēs'와 히브리어 'melitz'에서 영감을 받았습니다. 학습자가 24시간 자신의 속도와 스타일에 맞춰 학습할 수 있는 놀라운 방법을 제시하며, 학습자의 수준에 따른 이해도와 학습 효과를 극대화하는 맞춤화된 교육 경험을 얻는 방법을 소개합니다.

두 번째로, "그리스도인으로서 '인공지능과 함께 공부하고 배우고 생각하는 시대'를 어떻게 이해하고 받아들여야 하는가?"라는 질문에 대한 대답은 무엇일까요? AI 시대의 도래 역시 성경적 관점에서 깊은 의미를 찾아야 한다고 생각합니다. "각양 좋은 은사와 온전한 선물이 다 위로부터 빛들의 아버지께로서 내려오나니"(약 1:17)라는 말씀처럼, 솔로몬에게 지혜를 주셨듯이, 하나님께서 AI라는 도구를 통해 지식과 지혜를 얻을 수 있는 새로운 길을 열고 계신다고 생각합니다. 마치 성전에서 예수님께서 학자들과 대화하며 가르치셨던 것처럼, AI가 우리 자녀들의 학습 여정에서 대화하고 상호작용하는 새로운 형태의 학습 중재자 역할을 할 수 있는 시대가 열리고 있습니다. AI를 활용한 학습을 단순히 기술 활용의 개념을 넘어서, 하나님께서 우리에게 주신 지혜와 지식을 더욱 효과적으로 얻고 나눌 수 있는 새로운 방식이라고 생각해 주시길 바랍니다.

한 가지 덧붙일 말이 있습니다. AI 기술의 사용은 우리에게 주어진 청지기적 사명과도 연결됩니다. 창세기에서 하나님께서 인간에게 만물을 다스리라고 하신 명령은 오늘날 AI 기술을 포함한 모든 도구를 지혜롭게 사용하여 하나님의 영광을 위해 활용하라는 의미로 확장될 수 있습니다. 이런 관점에서, 우리는 AI가 우리 아이들을 다니엘과 세 친구처럼 지식과 지혜가 충만한 인재로 자라나게 돕는 지혜로운 도구가 되게 하는 일에 관심을 두었습니다.

이제 우리는 AI와 함께 배우고 성장하는 새로운 시대의 문 앞에 서 있습니다. AI 기술의 발달은 우리 아이들이 창의적이고 협력적인 학습 환경에서 새로운 가능성을 탐구할 수 있게 해 줍니다. 멜리츠 학습법이 제시하는 방향을 따라, 우리 아이들이 AI와 협업하여 하나님이 주신 잠재력을 최대한 발휘하고, 사랑과 신앙 안에서 미래를 주도하는 다음 세대로 성장할 수 있기를 소망합니다.

AI 기반 멜리츠 학습법이란?

인공지능이 학습자의 눈높이에 맞춘 교육을 제공하여 교사의 역할을 보완하는 학습자 중심의 새로운 교육 패러다임이다. AI를 학습자와 지식 사이의 간극을 메우는 중재자(mediator)로 위치시킴으로써 학습 과정을 개인화하고 최적화시키는 공부법이다.

CONTENTS

추천사   4
들어가는 글   10

PART. 1
이론

인공지능 시대, 그리스도인에게
왜 멜리츠 학습법이 필요한가?

01	인공지능이 내 아이의 '확장 뇌'가 되다	23
02	새로운 시대의 새로운 학습법	35
03	학습에 앞서 학습자를 먼저 알아야 한다	49

PART. 2
실전

멜리츠 학습법으로 새로운 것 배우기
_ 수학, 영어, 사회

04	수학 학습하기 - "이차함수를 쉽게 가르쳐 줘"	63
05	영어 학습하기 - "to 부정사가 뭐야?"	105
06	사회 학습하기 - "다양한 문화권이 궁금해"	139

PART. 3

활용

AI를 활용한 다양한 활동
_ 경건 생활, 웹툰 및 작사·작곡

07   챗봇으로 묵상과 자기관리 하기　　　　　　　　　　**159**
08   멜리츠 Webtoon으로 웹툰 만들기　　　　　　　　　**165**
09   AI로 나만의 노래 만들기　　　　　　　　　　　　　**179**

PART. 4

AI를 코칭과 수업에
적용하기

10   AI로 지역사회 문제 해결하기　　　　　　　　　　　**187**
11   AI로 미래를 탐구하다　　　　　　　　　　　　　　**199**
12   감성 및 학습코칭까지 가능한 AI　　　　　　　　　　**205**

PART. 1

이론

인공지능 시대,
그리스도인에게 왜 멜리츠
학습법이 필요한가?

[01]

인공지능이 내 아이의 '확장 뇌'가 되다

인공지능의 시대, 학습에 대한 새로운 접근이 필요하다

챗GPT, 구글 제미나이, 클로드, 클로바X, 코파일럿 등 생성형 인공지능은 우리 아이들이 초등학교부터 대학교까지 배우는 모든 학문 영역에서 놀라운 가르침과 답변을 제공한다. 챗GPT3.5가 미국의 의사, 변호사 등 국가공인 시험을 통과할 수준의 지식을 가졌다는 말은 이제 진부하다. 챗GPT4o는 미국 국가공인 시험의 상위 10%에 들 실력까지 향상되었다. 챗GPT o1 Pro 모델의 경우에는 수능 수학과 국어 등에서 만점 실력까지 향상되었다. 생성형 인공지능의 기본 개념은 '똑똑한 인간'이다. 즉 생성형 인공지능에는 '공부 잘하는 사람'에게 기대할 만한 것을 기대해야 한다. 검색엔진이 아니고, 백과사전도 아니다. 그래서 우리가 원하는 정답을 토씨 하나 틀리지 않고 대답할 것이라 기대하면 안 된다. 대신에 아이디어를 만들어 내는 일이나, 글을 읽고 핵심을 파악하는 것, 요약하는 것 등에 탁월하다.

2024년 1월, 삼성전자가 '갤럭시 S24'라는 신제품 스마트폰을 발표했다. 삼성 스마트폰 역사에서 가장 혁신적인 기능이 탑재되었다는 평가를 받았다. 전 세계에서 가장 먼저 '생성형 AI'를 스마트폰 안에 탑재했기 때문이었다. 특히, 사용자들의 눈길을 끈 기술은 세계 최초로 탑재된 '동시통역' 기술이다. 갤럭시 S24는 전화를 할 경우, 인터넷 연결이 되어 있지 않아도 13개 언어로 실시간 통역을 해 준다. 덕분에, 우리는 외국인과 대화나 문서 소통을 하기 위해 외국어를 익힐 필요가 없는 시대에 첫발을 내디뎠다.

하지만, 실시간 동시통역 기술의 최고는 삼성전자가 아니다. 오픈AI의 챗GPT는 무려 120개 외국어를 실시간 동시통역한다. 앞으로 2~3년 안에 모든 스마트폰에는 실시간 동시통역 기능이 탑재될 것이고, 스마트 안경, 스마트 링, 무선 이어폰 등을 활용해 전 세계 모든 곳에서 '언어의 장벽'이 사라질 것이다. 실시간 동시통역과 번역이 자연스러운 시대가 코앞인 상황에서, 우리는 이런 질문을 던져야 한다.

"언어의 장벽이 완전히 무너진 시대에, 기존의 커리큘럼으로 계속 영어를 배워야 하는가? 지금과 같은 방식으로 영어 실력을 평가해야 하는가?"

더 나아가, 다음 질문을 던져야 한다.

"영어 공부의 필요성은 무엇인가?"

이 책에서 우리들이 던지고자 하는 질문은 더 나아간다. 인공지능 기술로 인해 영어는 물론이고 수학이나 과학, 사회, 역사 등을 포함한 모든 교과 과목에 대한 교수법, 학습법, 그리고 학생의 실력을 평가하는 방식과 기준이 모두 달라져야 하지 않을까?

2025년에 오픈AI는 챗GPT-5를 발표할 예정이다. GPT-5는 이전 버전인 GPT-4를 크게 능가할 것으로 예상된다. 하지만, 주목할 것이 더 있다. 오픈AI가 인간과 유사한 이해력과 문제 해결 능력을 보여 주는 AGI에 한 걸음 더 다가갈 것이라는 예측이다. 일명 'AGI(Artificial General Intelligence)'는 '범용 인공지능' 혹은 '일반 인공지능'이라 불리는 차세대 인공지능 기술이다. 이 기술은 우리 아이들의 학습과 공부 방법에 결정적인 변화를 이끌어 줄 잠재력을 가지고 있다.

여기에, 몇 년 이내에 상용화가 가능한 양자 컴퓨터가 결합되면, 인류가 지식을 획득, 처리, 생성 및 사용하는 방법과 속도에 거대한 변혁이 일어날 것이다. 양자 컴퓨터의 출현은 이미 정해진 상수다. 먼 미래도 아니다. 5년 이내일지, 아니면 10년 이내일지의 문제일 뿐이다. 비슷한 시기에 AGI 기술의 완성도 이루어질 가능성이 높다. 즉, 인류가 지식을 획득하고 생성하는 발전 방향과 속도의 거대한 변혁은 늦어도 10년 이내에 시작된다.

기억하고 생각하는 방법이 달라진다

10년이라는 시간은 우리 아이들이 사회생활을 시작하게 될 미래이다. 다가오는 10년을 미리 준비하는 아이들과 그렇지 못한 아이들의 모습이 극명하게 달라질 것이다. 이것을 '미래의 위기' 혹은 '미래의 기회'라고 부를 수 있다. 하지만, 다가올 10년보다 더 급한 일이 시작되었다.

10년을 기다리지 않아도 이미 우리 아이들의 교육현장에서는 정보나 지식을 기억하고 생각하는 방법에 대변혁이 일어나기 시작했다. 다시 강조하지만, 지금 시작되고 있는 변화다. 이것을 '현재의 위기' 혹은 '현재의 기회'라고 부를 수 있다.

서문에서 했던 말을 기억하는가? 앞으로 몇 년 이내에, 수능시험이 끝나고 전국 수석을 차지하는 학생의 입에서 이런 인터뷰 내용이 나올 수 있다.

"이번 수능에서 만점을 맞는 데 인공지능의 도움이 결정적이었습니다."

지금부터 우리 아이들의 공부 실력의 격차는 '인공지능을 활용하는 실력'의 격차가 결정적이게 될 것이다. 인공지능을 사용하느냐 하지 않느냐 혹은 인공지능을 어떻게 사용하느냐 하는 것이 강사나 학원, 인터넷 강의를 어떻게 선택하느냐보다 더 중요하게 될 것이다.

인공지능이 지식의 영역에서 어떤 변화를 일으킬 것인가를 짐작하게 해 주는 사례가 있다. 서문에서 소개했던 '바둑'의 영역이다. 현재, 전 세계 프로바둑계의 1위는 신진서 9단이다. 신진서 9단이 제25회 농심신라면배에서 파죽의 6연승을 기록하며 중국을 누르고 대역전 우승의 주인공이 된 후에 국내 한 언론사 기자가 서울 한국기원에서 신진서 9단을 만나서 이렇게 물었다.[1]

"AI하고 바둑을 두면 어떻게 될까요?"

신진서 9단이 대답했다.

"(AI가 신적인 존재는 아니지만) 이기는 것은 불가능합니다."

신진서 9단은 바둑계에서도 인공지능을 가장 잘 활용하는 기사로 소문이 나 있다. 바둑 전문가들은 신진서 9단의 월등한 실력의 밑바탕에 인공지능을 활용한 학습 능력이 있다고 평가한다. 그래서 별명도 '신공지능'이다. 실제로, 신진서 9단은 온라인 대국으로 다른 기사들과 바둑을 두면서 공부하기보다 AI와 하루 대부분의 시간을 보낸다고 했다. 기자가 물었다.

"국내 팬들은 AI를 활용한 공부 비법을 알고 싶어 합니다. 신진서 9단이 인공지

---

[1] 한겨레, 2024.03.14. 김창금, "AI 시대 최고수 신진서 '나만의 AI 활용법은 공개 불가'"

능을 활용해서 바둑 공부를 하는 나름의 비법을 공개할 수 있습니까?"

"AI를 활용해서 바둑 공부를 하는 방법은 많은데… 내가 하는 방식은 공개할 수 없습니다."

단언컨대, 앞으로 우리 아이들의 공부 실력은 "인공지능을 활용하여 공부하는 자신만의 방식의 차이"가 가장 결정적이게 될 것이다. 물론, 인공지능으로 공부하는 자기만의 비법을 만들려면 기본기를 먼저 배워야 한다. 우리는 이 책이 기본기를 습득하는 길라잡이가 될 것이라 믿는다.

인공지능을 학습에 사용하는 세 가지 단계

인공지능을 학습에 사용하는 단계는 세 가지로 구분할 수 있다. ①도구 ②비서 ③확장 뇌 단계다. 이것은 AI를 사용하는 수준의 단계라고 해도 과언이 아니다.

1단계는 '도구(Assistant tool)' 단계다. 인공지능을 '보조 도구'로 인식하고 사용하는 단계다. 이 단계에서 인공지능은 학습을 보조 및 지원하는 여러 도구 중 하나로만 인식되고 사용된다. 사용 수준으로 볼 때 가장 기본 단계에 해당한다. 영어로 어시스턴트(Assistant)가 어떤 작업이나 프로젝트를 보조하고 지원하는 역할을 가리키는 데서 차용했다. 예를 들어, 생성형 인공지능을 도구 정도로만 인식하고 일정 관리, 이메일 정리, 간단한 질문에 답을 얻는 정도로만 사용한다. 이런 단계에서 사용자는 "챗GPT를 특정한 지식 분야의 전문가로 인식하고, 전문가에게 (자기 수준에 맞춰서) 차근차근 물어보듯이 프롬프트 엔지니어링을 한다"라는 지침에만 갇혀 있다.

2단계는 '비서(Agent)' 단계다. 인공지능을 마치 인간 비서처럼 활용하는 단계다. 인공지능을 비서처럼 활용한다는 것은 '대리' 역할을 부여하여 결과물을 얻어 내는 방법을 안다는 것이다. 컴퓨터 분야에서는 이렇게 대리 역할을 하는 프로그램을 '에이전트(Agent, 대리자)'라 부른다. 에이전트는 사용자를 대신해서 특정 작업이나 프로세스를 독립적으로 수행하는 역할을 한다.

2단계의 에이전트 단계가 1단계의 도구와 다른 점은 무엇일까? 자율성과 주도성이다. 에이전트는 주어진 목표를 달성하기 위해 스스로 결정을 내리고 행동할 수 있는 능력을 갖추고 있다. 이는 어시스턴트보다 높은 수준의 자율성을 의미한다. 예를 들어, 생성형 인공지능에게 "웹사이트를 만들어라" 같은 단독 임무를 지시하면 생성형 인공지능이 자율성과 주도성을 가지고 주어진 임무를 완료한다.

에이전트는 환경의 변화를 인식하고 이에 적응하여 독립적으로 행동할 수도 있다. 챗GPT-5부터는 생성형 인공지능에 '에이전트' 기능이 기본 탑재된다. 이 단계에서는 사용자가 에이전트가 수행할 목적과 결과물의 수준을 정확하게 제시하는 것이 중요하다. 우리는 이런 수준의 사용 수준을 '고급 사용 단계'라고 부른다.

3단계는 '확장 뇌(Augmented Brain)' 단계이다. 이 단계의 인공지능 사용 수준을 '최고 사용 단계' 혹은 '궁극적인 사용 단계'라고 부른다. 물론, 우리가 이 책에서 제시하는 'AI 기반 멜리츠 학습법'은 우리 아이들이 인공지능을 '확장 뇌'로 사용하여 학습 효과를 극대화하는 것을 목적으로 한다.

이 단계에 도달하면, 생성형 인공지능이 인간의 생물학적 뇌와 함께 연동되어 사용된다는 느낌을 받는 상태가 된다. 그래서 인간의 기억과 생각의 확장과 조합에 끝이 없어진다는 효과를 깨닫게 된다. 일명, '뇌 가소성의 극대화' 효과다. 생각하고 공부하고 일하는 방식에 근본적 변화도 일어난다. 이렇게 될 수 있는 것은 생성형 인공지능이 가진 기본적 능력인 '기억'과 '정보처리 프로세스' 때문이다.

인공지능이 내 아이의 '확장 뇌'가 되다

'입는 로봇'이 있다. 마블 영화에 등장하는 아이언맨은 나노 소재로 만든 '로봇 옷'을 입고 자동차를 들어 던지고 스포츠카보다 빨리 달리며 악당을 물리친다. 아직, 이런 입는 로봇은 현실에서는 불가능하지만, 인체의 한계를 극복하는 데 도움이 되는 입는 로봇은 이미 상용화되고 있다. 장애인의 의족이 되어 하반신 마비를 극복하고 걷게 하거나, 물류 창고나 공장에서 일하는 일반 근로자의 근력을 증강시켜 주거나, 나이가 들어 근육이 감소한 고령층의 활동성을 높여 주는 방향으로 빠르게 발전하고 있다.

'확장 뇌'는 입는 뇌라고 생각하면 이해가 쉽다. 필자는 2016년 『미래학자의 인공지능 시나리오』라는 책 속에서 미래의 인간은 '3개의 뇌'를 갖고 살게 될 것이라고 예측했다. 태초부터 20세기까지, 인간은 다른 생명체와의 경쟁에서 지능이라는 무기로 승리했다. 인간 간에 벌어지는 경쟁에서 승리의 비결도 '생물학적 두뇌 역량'을 얼마나 빨리 발전시키느냐에 달려 있었다.

21세기는 어떨까? 21세기에도 인간과 인간의 경쟁은 '지능 경쟁'이다. 지능 경쟁에서 우위를 점하기 위해서는 누가 두뇌의 역량을 더 향상시키느냐가 필수적이다. 하지만 차이점이 있다. 자신이 가진 생물학적 뇌(biological brain) 한 개보다는 외부에 있는 두 개의 두뇌를 얼마나 잘 사용하는지가 결정적 차이를 만들 것이다.

모든 사람이 태어날 때부터 가지고 있는 생물학적 뇌 역시 바이오 및 나노 공학의 도움을 받아 의학적으로 증강(augmentation)될 것이다. 하지만, 21세기에 인간의 지능 증강에 결정적 역할을 하는 것은 외부에 있는 두 개의 뇌다. 필자는 이것을 '확장 뇌' 혹은 '외장 두뇌'라고 부른다. 인간이 갖게 될 2개의 확장 뇌 혹은 외장 두뇌 중 하나가 인공지능이다. 이것은 '인공 뇌(artificial brain)'라고도 부를 수 있다.

생성형 인공지능은 인공 뇌의 실현이다. 2024년부터는 생물학적 두뇌도 '입는 뇌'를 입고 지능의 약함을 극복하고 지능의 힘을 증강시키는 일이 가능해졌다. 입는 뇌를 사용하여 인간의 지능이 증강하는 길은 두 가지다. 하나는 인공지능을 개발하는 회사들이 현재의 약한 인공지능의 수준에서 아주 강한 인공지능까지 지속적으로 기술을 발전시키는 측면이다. 다른 하나는 인간 스스로가 입는 뇌를 자기만의 노하우를 가지고 실제 자기 뇌처럼 자유자재로 사용하는 기술을 발전시키는 측면이다.

21세기 중반쯤이 되면, 강한 인공지능 수준으로 발전한 입는 뇌를 입은 인간들이 인터넷 공간에서 서로 연결되고 공유되어 인류의 전체 지능이 하나의 지성처럼 움직이는 집단 뇌 활용이 시작될 것이다. 필자는 이것을 '클라우드 뇌(cloud brain)'라고 이름 붙였다.

21세기 말경이 되면, 가상과 현실이 완벽하게 통합되어 가상인지 현실인지 전혀 구별하지 못하는 환경이 만들어지면서, 클라우드 뇌도 의식적으로 완전히 통합되어 개인 자신의 생물학적 뇌처럼 사용할 수 있는 단계까지 발전하게 될 것이다. 우리 아이들이 '입는 뇌'를 입고 인공지능을 자기의 생물학적 뇌처럼 자유자재로 사용하기 시작하면 지능의 증강은 당연하고, 의사 결정의 속도, 방식, 대상 등에도 거대한 변화가 일어나게 될 것이다.

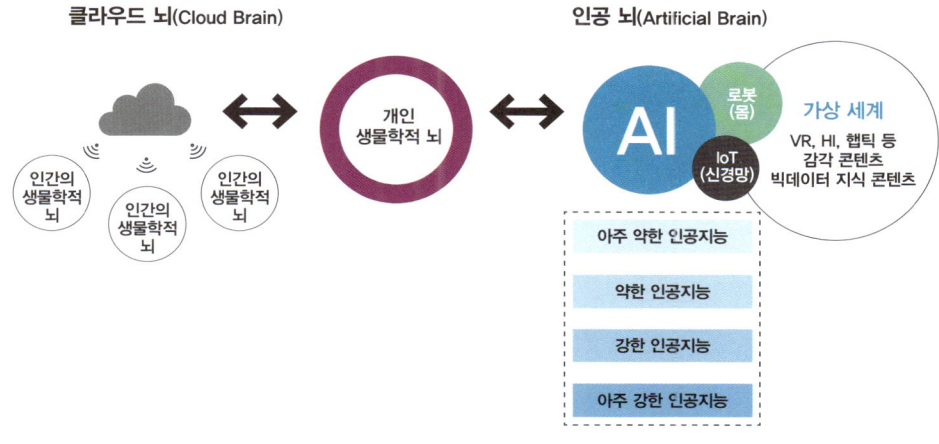

약한 인간 + 더 나은 프로세스 = 최고의 조합

  2021년 3월 18일, 「하버드 비즈니스 리뷰」라는 잡지에 흥미로운 글이 하나 실렸다. 〈인공지능은 인간의 지능을 대체하는 것이 아니라 증강시켜야 한다〉라는 기고문이었다. 이 글의 공동 저자는 1996년 IBM 딥블루와 세기의 체스 대결을 벌였던 카스파로프(Garry Kasparov)였다. 기고문에서 강조하는 것은 인공지능 활용을 잘하는 인간으로 발전해야 한다는 것이었다.

  자신이 경험한 체스 경기에서 '약한 인간+기계+더 나은 프로세스'의 조합이 '강력한 컴퓨터 단독'보다 우수했고, '강력한 인간+기계+열등한 프로세스'의 조합보다도 더 우수했다는 것을 강조했다. '약한 인간'은 우리 아이들이다. '기계'는 인공지능을 가리킨다. 그리고 '더 나은 프로세스'는 우리 아이들이 인공지능을 사용하는 노하우를 말한다. 내 아이가 공부를 못해서 고민스러운가? 새로운 길이

열렸다. 내 아이의 공부하는 힘이 약한가? 괜찮다. 인공지능을 입는 뇌로 장착하고 지금부터 우리들이 가르쳐 줄 '인공지능을 사용하는 노하우'를 익히면 된다. 그러면 카스파로프가 최고의 조합이라고 말한 '약한 인간＋기계＋더 나은 프로세스'의 조합이 학습과 공부의 영역에서 만들어진다. 당신의 자녀도 이 조합을 만들 수 있으면 최고의 실력까지 발전할 수 있다.

인공지능을 사용하는 최고의 매뉴얼

생성형 인공지능의 최대 단점은 거짓말이나 '환각'이 아니다. 최대 단점은 최대 장점 때문에 만들어졌다. 바로 생성형 인공지능이 인간의 모든 지식과 학습, 공부 영역에서 응답한다는 장점 때문에, 인공지능을 만드는 회사가 모든 영역에서 사용자 매뉴얼을 만드는 것이 불가능하다는 단점이 생긴 것이다.

우리 아이들이 자신의 공부 영역에서 '약한 인간＋기계＋더 나은 프로세스'라는 최고의 조합을 만드는 데 성공하면 한국 최고의 일타 강사보다 뛰어난 실력까지 발전할 수 있다. 하지만, 문제는 '더 나은 프로세스' 즉 '인공지능을 뇌처럼 사용하는 최고의 노하우'에 대한 사용자 매뉴얼을 오픈AI가 제공하지 않는다는 것이다.

오픈AI와 같은 회사들은 사용자가 기본적인 방식 원리들을 알고 사용을 반복하면서 자기의 노하우를 개발하는 것을 추천한다. 필자의 경험으로는, 사용하려는 영역의 인간 전문가가 그 분야에 대한 생성형 인공지능 활용 방법을 가장 잘 찾아낼 수 있다. 예를 들어, 상담이나 코칭에 생성형 인공지능을 잘 사용하는 방법은 그 분야에 최고의 지식과 노하우를 가진 인간 전문가가 잘 만들어 낼 수 있다. 같은 의미에서, '공부와 학습 영역에서 생성형 인공지능을 어떻게 잘 사용할까?'에 대한 노하우도 이 분야의 최고의 지식, 경험, 실전 노하우를 가진 인간 전문가가 가장 잘 만들어 낼 수 있다. 필자를 포함해 이 책의 공동저자들은 교육분야에서 다양한 경험과 학문적 완성도를 가지고 있다. 그래서 우리가 아이들을 위한 '더 나은 프로세스' 즉 인공지능을 뇌처럼 사용하는 최고의 노하우에 대한 사용자 매뉴얼을 직접 만들었다. 특히 기독교 관점에서 인공지능을 뇌처럼 사용하는 노하우를 만들었고, 'AI 기반 멜리츠 학습법'이라고 이름 붙였다.

다음 세대 그리스도인은 어떻게 학습해야 할까?

인공지능 기술에 이 책의 저자들인 미래학자와 교육학자가 모두 집중하는 이유는, 급변하는 환경 속에서 자녀들이 하나님이 바라시는 방향으로 성장하기를 돕기 위해서이다. 인공지능은 단순한 도구를 넘어선다. 사회의 전반에 걸쳐 영향을 미치게 된다. 이러한 변혁의 시대를 주도하는 자녀가 되는 것이 하나님이 바라시는 다음 세대의 모습이다.

시대를 앞서간 사람 중에 언제나 하나님의 자녀들이 있었다. 그리고 우리는 이제 새로운 시대에 자녀교육을 통해서 기술뿐만 아니라 그 속에 있는 하나님의 뜻을 읽을 수 있는 세대를 만들어야 한다. 변화의 파도를 이끌어 갈 자녀를 위해서 변화의 핵심이라고 할 수 있는 인공지능을 반드시 가르쳐야 한다. 그리고 그 기술을 통해서 세상이 어떻게 변하게 될지 하나님께서 바라시는 눈을 가진 자녀들로 키워야 한다. 그러기 위해서 우리는 인공지능을 가르쳐야 하며, 무엇보다도 자녀들이 인공지능을 활용하여 배움을 주도적으로 만들어 가게 해야 한다.

[02]

새로운 시대의
새로운 학습법

AI 기반 멜리츠 학습법이란?

AI 기반 멜리츠 학습법은 교육(education)과 기술(tech)의 교차점에서 새롭게 등장한 학습 접근법이다. 이 방법론의 기본 철학은 사람인 중재자(mediator)의 역할 일부를 생성형 AI가 수행함으로써, 학습자 개개인의 필요와 수준에 맞춤화된 교육 경험을 제공하는 데 있다. 본 학습법의 명칭은 그리스어 "μεσίτης"(mesitēs, 중재자)와 히브리어 "מליץ"(melitz, 대변자 또는 중재자)의 어원에서 영감을 받았으며, 이는 신앙적 맥락에서도 중요한 의미를 갖고 있다.

신약성경에 등장하는 사도 바울은 디모데전서 2장 5절의 말씀처럼 예수님이 하나님과 사람 사이의 유일한 '중보자'라고 고백한다. 그리스도인은 그 예수 그리스도를 닮아 가는 사람으로서, 부모와 교사는 자녀의 신앙과 전반적인 성장을 위한 중보자의 역할을 한다. 이러한 중재 개념은 학습 과정에서 교사가 학습자의 성장을 위해 수행하는 역할에서 시작한다.

학습자의 수준이 현재에서 다음 단계로 넘어갈 때 성장은 신체가 성장하듯 자연스럽게 일어나지 않는다. 반드시 사람의 개입이 필요하다. 멜리츠 학습법은 학습자와 지식 사이의 간극을 메우는 중재자로 AI를 위치시킴으로써, 학습 과정을 개인화하고 최적화하고자 한다. 이 접근법은 학습자가 자신의 속도와 스타일에 맞춰 학습할 수 있도록 지원하며, 학습자의 수준에 따른 이해도와 학습 효과를 극대화하는 것을 목표로 한다.

멜리츠 학습법의 기대 효과

AI 기술을 활용한 이 학습법은 교육자와 학습자 사이의 상호작용을 새로운 차원으로 확장한다. AI는 학습자의 반응을 분석하고, 이에 기반하여 학습 내용과 방식을 조정한다. 이는 교육자가 학습자의 개별적 필요에 더 잘 응답할 수 있도록 돕는 도구로서의 역할을 한다. 뿐만 아니라 학습자의 수준에 맞는 교육을 할 수 있는 비서로서의 역할도 한다. 그리고 더 나아가 학습자인 우리 자녀들은 AI를 증강지능(Augment Intelligence)으로 사용할 수 있도록 돕는 것이다. 특별히 '멜리츠 학습법'은 학습 과정에서 발생할 수 있는 장애물을 식별하고 극복하는 데 중요한 역할을 할 것이다.

학습자는 학습의 과정을 따라 사고 기술을 발전시킨다. 학습은 무의식 중에 잘 훈련된 AI처럼 순서에 따라서 작동한다. 그리고 그 작동이 정확하고 예리할 때 우리는 누군가가 '스마트'하다고 말할 수 있다. 학습은 학습자의 사고 기능이 잘 작동해야 한다. 그러나 학습자의 사고 기능이 제 역할을 못하고 있다면 아무리 좋은 교육을 하더라도 깨진 독에 물을 붓는 것과 같을 것이다. 학습자마다 사고 작동은 어떤 특정한 부분에서 계속해서 오류를 범하게 된다. 예를 들어 충동적으로 문제를 읽기 때문에 발생하는 오류는 학교에서 모든 과목의 시험에 비슷한 방식의 오답을 만들어 낼 것이다. 멜리츠 학습법에서는 학습자의 사고 기능을 AI의 도움을 받아 먼저 세밀하게 체크하여 훈련을 통해 작동하도록 지도한다. 지도자뿐만 아니라 학습자도 자신의 인지 작동 오류 지점을 알게 된다면 큰 깨달음일 것이다. 이것이 소위 말하는 메타인지의 기본 프로세스다.

멜리츠 학습법의 도입은 학습하는 방식에 대한 큰 변화를 만들어 낼 수 있다. 개인에 좀 더 맞춤형인 교육이 실현될 수 있기 때문이다. 멜리츠 학습법은 교육 기술의 미래에 대한 비전을 제시하며, 학습자 개개인의 성공을 위한 새로운 길을 열어 줄 것이다. 따라서, 이 방법론은 교육 분야에서 학습자, 교사, 부모 등 학습 주체의 중요한 역할 변화를 가져올 것이다. 이제부터 멜리츠 학습법에 대해서 살펴보자.

지혜 있는 자는 듣고 학식이 더 할 것이요 명철한 자는 지략을 얻을 것이라(잠 1:5).

멜리츠 학습법의 원리

멜리츠 학습법에서 제안하는 원리는 현대 교육 이론 중에 '사회적 구성주의 학습이론'과 잘 부합한다. 사회적 구성주의란 학습자의 성장을 위해서 중재자(교사)가 계속해서 상호작용을 하고, 학습자가 지식을 내면화했을 때 또 다른 목표(비계)를 설정한다는 이론이다. 이 학습이론이 여타 다른 이론과 가장 다른 점은 학습자의 성장을 위해서는 사회적 상호작용이 가장 중요한 점이라고 주장하는 것이다.

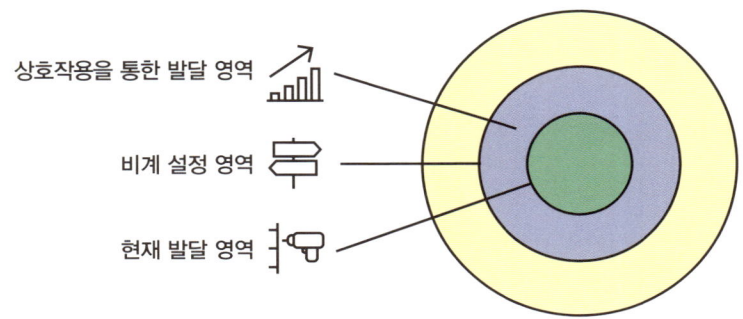

학습에서 멜리츠(중재자)의 지혜로운 개입은 학습자의 정보입력, 정보처리 그리고 정보출력 단계 즉, 일련의 인지 과정 모두에 적용된다. 이러한 시각에서 보았을 때 학습의 가장 중요한 요소는 학습자와 교사의 상호작용이다. 멜리츠 학습법은 이러한 부모와 교사의 효과적인 개입과 AI를 통한 지속적 지도를 통해 학습자를 성장하게 하는 것이다.

| 학습자 성장에 기여하는 요인 |

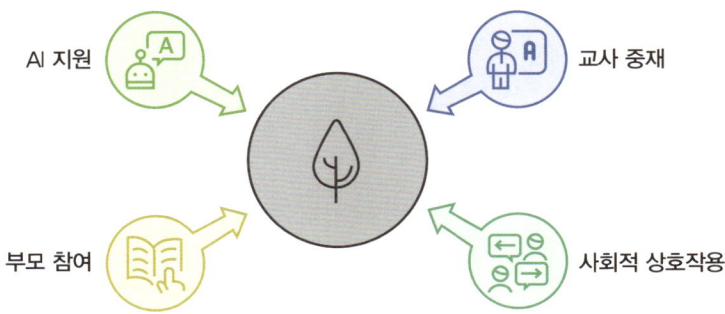

멜리츠 학습법은 학습자 중심의 학습과 개념화 학습을 기본 축으로 삼는다. 그 이유는 지식의 단순한 전달이 아닌 깊이 있는 이해와 의미 있는 학습 경험을 추구하기 때문이다. 이러한 접근법은 학습자가 자신만의 속도와 방식으로 학습 내용을 탐색하고, 지식을 내면화하여 실생활에 적용할 수 있도록 돕는다. 우리의 공교육은 아직도 교사 중심, 내용 중심의 학습 방식으로 이루어지고 있다. 멜리츠 학습법은 이러한 학습의 주도권을 학습자 각자에게 돌려준다.

　자녀들의 학습과 성장을 위해 부모와 교사가 멜리츠의 역할을 해야 한다. 이때 기다리고 소통하며 자극을 주기도 해야 하는데, 교사나 부모가 할 수 없는 부분들을 대신해 24시간 자녀를 도울 수 있는 중재자로서 AI가 등장한다. AI는 학습에서 부모와 교사의 빈틈을 메울 수 있는 도구다. 챗GPT와 같은 AI는 자녀뿐만 아니라 교사에게도 큰 영향을 준다. 교사의 학습지도법에 관해 조언해 주는 메타교사(Meta-teacher)로서 활약할 것이기 때문이다.

| 학습자 성장 |

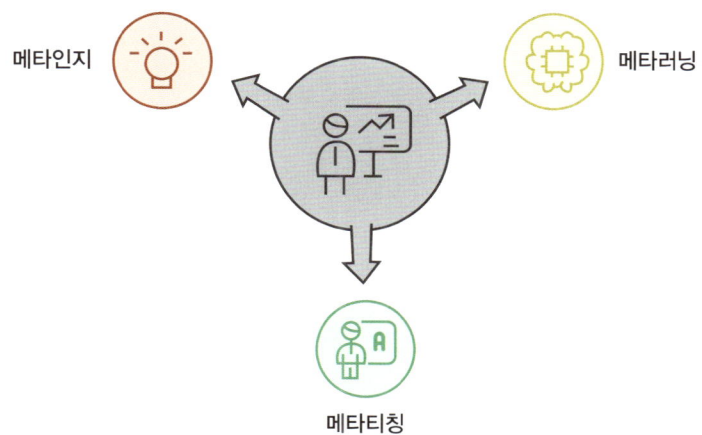

비싼 사교육을 시켜도 효과가 없다면?

　오랫동안 교육에 가장 중요한 부분은 가르치는 사람, 즉 교사였다. 교실에서 말하는 사람이 정해져 있고, 가르쳐야 할 내용(커리큘럼) 역시 정해져 있었다. 교사 중심 교육이 옳다면, 최고의 강사들에게 배운 사람들은 모두 최고의 학습자가 되어야 한다. 그러나 현실은 그렇지 않다. 듣는 학습자가 다르기 때문이다.

　21세기가 되면서 이제는 말하는 사람 즉 교사보다 학습자(학생)가 더 중요하다는 것에 많은 교육학자가 동의했다. 학습자의 연령, 발달 수준, 그리고 관심사에 따라 학습방식이 결정되는 것이다. 그러나 아직 우리의 교실의 상황은 그렇지 못하다. 학습이 부진한 학생들은 이해할 수 없는 수업 내용 때문에 집중할 수 없고, 수준이 높은 학생들은 배우는 내용이 더 이상 흥미롭지 않다. 그 결과 이미 '잠자는 교실'의 심각성은 미디어를 통해 계속 보도되고 있다. 이러한 교육현장의 문제를 해결하고자 등장했던 개념이 바로 학습자 중심의 교육이다. 학습자 중심의 학습은 모든 교육 활동이 학습자의 요구, 관심사, 배경 지식, 그리고 학습 목표에 맞춰 설계되어야 한다는 원칙에서 시작한다. 이 원칙은 교육 과정의 개발, 실행, 평가 단계에서 학습자의 참여와 피드백을 중시하며, 학습자 개개인의 잠재력과 학습 능력을 최대화하는 데 초점을 맞춘다.

　왜 우리는 개별학습, 학습자 중심의 학습을 해야 하는가? 먼저 성경적 원리로 설명해 보자. 성경에 등장하는 하나님은 유일하신 하나님이셨지만 동시에 하나님을 만난 사람들에게는 그들이 각자 경험한 하나님이셨다. 구약성경의 표현을 빌리자면 "아브라함의 하나님, 이삭의 하나님, 야곱의 하나님"이셨다. 왜 "아브라함, 이삭, 야곱의 하나님"이 아닌 각자의 하나님이라고 표현했을까? 하나님은 한 사람 한 사람 개인적인 지도를 하시는 분이라는 것이다. 하나님은 지금도 각 학습자들의 귀와 눈이 되셔서 학습하는 그들만의 눈높이에서 돕고 계신다. 언제나 우리에게 후히 주시고 꾸짖지 않으시는 지혜의 성령님께서 각자의 학습에 중재자로 개입하신다. 더 나아가 우리는 이제 하나님이 주신 도구인 AI를 학습에 사용함으로써 학습자 각자의 눈높이에 맞출 수 있게 되었다.

전통적 학습에 있어서도 하나님께서는 당신을 대신하여 교사를 학습자들에게 '선물'로 주셨다. 그러나 산업사회 이후 교육이 1대 다수의 주입식 교육이 되면서 그 기능을 제대로 발휘하지 못하고 있다. 교육의 목적은 학습자 누구나 지금보다 더 지혜롭게 발전하도록 돕는 것이다. AI를 활용한 멜리츠 학습법은 이렇게 학습자의 눈높이와 속도에 맞출 수 있는 교육 도구로 활용될 수 있다. 독자들은 어떻게 모든 학습자의 개별 수준에 맞춰 줄 수 있는지 의문이 들 수 있다. 이 질문에 대한 답은 이어지는 실제 사용법에 관한 장에서 다룰 것이다.

학습자의 성장을 연구하며 평생을 현장에서 보낸 연구자의 입장에서 볼 때 AI를 학습에 활용한다는 것은 혁명적인 일이다. 오랜 시간 자기주도 학습을 연구하며 한 가지 해결하지 못한 것은 항상 곁에 있어 학습자를 돕는 학습코치의 기능이었다. 자기주도학습은 혼자 하는 독학과는 다른 개념이다. 누군가의 도움이 마중물의 역할을 해야 한다. 성장하면서는 점점 그 마중물도 스스로 만들어 낼 수 있게 된다.

AI는 학습자의 창의력과 문제 해결을 위한 마중물 역할을 한다. 그리고 학습자의 성장을 위해 언제나 대화하고, 질문에 대한 답을 할 수 있는 준비가 되어 있다. 학습자의 수준에 맞추어 답변을 한다. 마치 성령님이 우리의 수준에 맞게 함께 동행하시는 것과 같다. AI의 활용은 지금까지 할 수 없었던 학습자 중심의 교육을 더욱 발전시켰다. 초개인화된 사회에 살고 있는 우리 자녀들이 더욱 자신에게 맞는 학습 방법을 찾을 수 있게 되었다.

우리 아이 인지 능력, 성장할 수 있을까?

인간의 변화 가능성을 믿는가? 의외로 사람의 변화에 대해서 부정적인 생각을 하는 사람들이 많다. 이 의견에 반대해 이스라엘의 인지심리학자 포이어슈타인(Reuven Feuerstein)은 인간의 인지 능력이 유연하며, 적절한 교육적 중재를 통해 개선될 수 있다고 주장한다. '구조적인 인지적 변형 가능성'(modifiability)에 따르면 모든 사람이 학습할 능력이 있으며, 환경, 교육, 그리고 적극적인 중재를 통해 인지적 능력을 개발할 수 있다는 것이다. 즉, 멜리츠의 적절한 개입으로 사람의 성장이 이루어질 수 있다.

멜리츠 학습법은 모든 연령과 다양한 실력의 학습자에게 영향을 주지만 특별히 영향을 많이 받는 두 그룹이 있다. 첫 번째로, 크게 우수한 학생들이다. 멜리츠 학습법은 그들이 가지고 있는 재능을 마음껏 펼칠 수 있도록 안내한다. 영향을 많이 받는 두 번째 학습자는 학습 장애가 있는 아동, 사회적으로 소외된 환경에서 자란 아동 또는 문화적으로 다양한 배경을 가진 아동들이다. 예를 들어 수학 포기자 '수포자'가 수학을 할 수 있겠다는 마음을 갖게 된다. 멜리츠 학습법은 그들의 학습과 인지적 발달에 적절한 지원만 있다면 변화가 가능하다는 것을 믿는다. 바로 이 부분이 멜리츠 학습법을 '믿음 체계'(Belief system)라고 부를 수 있는 이유다.

멜리츠 학습의 기본 정신은 학습자의 변화 가능성을 믿고 꾸준히 지원한다면 끊임없이 발전할 수 있다는 학습자에 대한 신뢰다. 교육은 모두에게 항상 가능성이 열려 있어야 한다. 우리는 아이들 안에 있는 '지혜의 영'께서 중보자의 역할을 하시고 그들을 성장시키실 것을 믿는다. 그리고 그 아동들에게 중보자를 대신하여 부모와 교사 그리고 학습 도구인 챗GPT와 같은 거대언어모델(LLM: Large language model)을 주신 것이다. 이 부분이 멜리츠 학습법의 가장 큰 특징이다.

일반 교육심리 이론에서도 중재 학습(Mediated learning) 이론과 구조적 인지적 변형 가능성의 개념은 특수 교육 등 다양한 분야에서 인간의 학습 능력과 개발 가능성을 이해하는 데 기여했다. 이스라엘에서는 이런 변화 가능성에 관해 유명한 일화가 있다.

랍비 아키바는 어떻게 위대한 학자가 되었나?

랍비 아키바(AD 50-135)는 약 40세까지 양치기로 살았다. 그는 글을 읽거나 쓰는 등의 학문적 능력이 전혀 없었다. 그런 그가 목장 주인의 딸을 사랑하게 되었고 그녀에게 사랑을 고백했다. 그녀는 그가 율법(모세오경)을 공부해서 랍비가 되면 결혼해 주겠다고 말했다. 그는 실망할 수밖에 없었다. 40년간 목동으로 살았던 그가 문자를 배우고 랍비가 된다는 것은 있을 수 없다고 생각했기 때문이다.

그런데 어느 날 졸졸 흐르는 물에 의해 돌이 움푹 파인 것을 보고, 아키바는 연속된 물방울이 돌과 같은 단단한 물질도 변화시킬 수 있다면 토라(모세오경) 학습을 할 수 있게 그의 마음(인지 기능)도 변할 수 있을 것이라고 생각했다. 깨달음을 얻은 그는 학문의 길로 들어섰고, 학습 여정은 쉽지 않았지만 그는 결국 유대 학문의 가장 중요한 3대 랍비가 되었다.

이처럼 인간의 인지적 능력은 고정되어 있지 않고, 적절한 교육과 환경, 동기 부여를 통해 언제든지 개발될 수 있다. 랍비 아키바의 삶은 이러한 가능성을 생생하게 보여 주는 예로, 학습과 인지적 발달에 있어서의 잠재력과 변화 가능성을 믿는 것의 중요성을 알려 준다.

우리 사회는 너무 이른 나이에 많은 학생이 학업의 실패를 경험한다. 학생들은 자신이 학습에서 실력을 발휘할 수 있다는 스스로에 대한 믿음이 없어진다. 그러나 이러한 생각과는 달리 학습에 있어 변화 가능성은 언제든지 열려 있다. 예수님은 "믿는 자에게 능치 못함이 없다"라고 하셨다. 그 믿음은 우리의 자녀들의 학습에도 적용돼야 한다. 멜리츠 학습법의 시작은 자녀의 발전을 믿고, 자녀들도 자신의 잠재력을 깨닫는 데서부터 시작된다. 자녀들에게 변화를 보여달라고 하지 말고 부모와 교사가 먼저 그들 안에 계시는 하나님의 변화의 능력을 믿어야 한다.

뇌과학으로 보는 변화 가능성의 근거

신경심리학에서 뇌의 가소성(neuroplasticity)이란 뇌가 경험, 학습, 환경 변화에 따라 구조적이고 기능적으로 변할 수 있는 능력을 의미한다. 뇌 가소성은 두 가지 주요 형태로 나타난다.

첫째, 구조적 가소성은 뇌의 신경 회로망 내에서 신경세포들 사이의 연결(시냅스)이 새롭게 형성되거나 재조정되는 과정을 말한다. 학습과 기억 과정에서 특히 중요하며, 새로운 정보를 습득하거나 기술을 배울 때 발생한다. 시냅스에 단백질이 붙어 확장되는 현상을 '미엘린화'(myelination)라고 한다. 마치 전류가 더 굵은 저항이 적은 것처럼 잘 발달된 시냅스에서는 적은 에너지로 큰 효과를 얻을 수 있다.

둘째, 기능적 가소성은 뇌의 특정 부위가 손상됐을 때, 다른 뇌 부위가 그 기능을 대신 수행할 수 있도록 재조정되는 능력이다. 이는 우리가 새로운 지식을 습득하거나 기술을 배우는 능력뿐만 아니라, 신체적 또는 정신적 손상 후 회복과 재활의 가능성도 포함한다.

| 뇌는 경험과 학습에 어떻게 적응하는가? |

구조적 가소성
: 뇌의 물리적 구조의 변화

기능적 가소성
: 뇌의 기능의 변화

학습 발달 역시 지속적인 학습과 경험을 통해 뇌는 새로운 시냅스를 형성하고, 지식과 기술을 내면화한다. 이는 교육과 자기 개발에 있어서 무한한 가능성을 의미한다. 하나님은 우리를 무한한 가능성을 가진 존재로 창조하셨다. 그러나 사회와 가정에서 개인마다 한계를 만들고 주입하는 환경에서 학습자들 역시 스스로의 한계를 긋고 있다. 자녀들의 성장은 속도가 중요한 것이 아니라 어디까지 발전할 수 있는지가 중요하다.

도구로서의 멜리츠 학습법

멜리츠 학습법은 이외에도 여러 학습 원리들을 사용한다. 인간의 발달은 관계를 통해서 이루어진다. 신앙에 있어 전인적인 성장을 위해 중요한 관계는 하나님과의 관계(영성), 사람과의 관계 그리고 도구와의 관계다. 하나님과 사람과의 관계를 통해서 성장한다는 것은 부인할 수 없는 진리다. 잊지 말아야 할 것은 또한 사람이 도구를 통해서 성장한다는 것이다. 도구 사용 능력이 향상되면 그 도구가 마치 내 것이었던 것처럼 사용하게 된다. 이러한 상태를 '내면화'되었다고 한다.

AI 역시 인간의 성장을 위한 도구다. 그리고 사용하는 능력을 향상시켜 내면화해야 한다. 이 부분이 AI 기반 멜리츠 학습법의 목표다.

멜리츠 학습법은 이러한 교육 방법론들을 학습자 중심의 학습과 개념화 학습의 원칙에 기반해 통합적으로 적용한다. 교육의 효과성을 극대화하고, 학습자 개개인의 성공을 지원하는 강력한 방법론을 제공한다. AI 기술의 통합은 이러한 원칙들을 실현하는 과정에서 개인화와 적응성을 증진시키며, 학습자의 필요와 선호에 더욱 밀접하게 맞춰진 교육 경험을 제공할 것이다. 따라서 멜리츠 학습법은 현대 교육이 직면한 다양한 도전 과제를 해결하고 학습자 중심의 교육 패러다임을 촉진하는 데 중요한 기여를 할 것이다.

멜리츠 학습법은 21세기를 살아 가는 새로운 세대들에게 발전 가능성에 대한 희망을 주고자 한다. 그리고 더 지혜로운 사람으로 성장할 수 있도록 길을 열고자 한다. 성경 말씀처럼 진리가 우리를 자유롭게 한다. 그리고 학습자들은 자신의 깨달음으로 인해 찾은 원리가 그들을 지혜롭게 성장시킬 것이다.

 메타인지(인지오류) 검사봇 바로가기

[03]

학습에 앞서 학습자를 먼저 알아야 한다

메타인지 오류 리스트(Meta-Cognitive function and dysfunction list)

학습자 데이터 수집 및 분석은 멜리츠 학습법의 핵심 구성 요소 중 하나이다. 이 과정에서는 학습자의 선호, 배경 지식, 학습 스타일, 성취도 등 다양한 데이터를 수집하고 분석하여, 개인화된 학습 경로를 설계하고 제공하고자 한다. 무엇보다 학습자의 학습인지 과정에 있어 기능들이 온전히 작동하는 것을 확인해야 한다. 왜냐하면 이러한 인지 기능이 오류가 없이 작동해야 학습이 이루어지기 때문이다. 이 부분을 이해하기 위해서는 메타인지에 관한 이해가 먼저 필요하다.

인지 기능은 우리가 세상을 이해하고, 정보를 처리하며, 지식을 습득하는 데 사용하는 정신적인 과정을 말한다. 이러한 정신적 과정에서 학습자에게 각 단계별로 필요한 인지 기능이 있다. 학생들은 이러한 기능이 잘 구성되어 있기도 하지만 그렇지 않기도 하다. 그렇다면 학습을 돕기 위해서는 기본적으로 먼저 학습자의 인지 기능 가운데 오류 기능을 찾아야 한다. 수학이나 여타 과목에서 오답노트를 사용하는 것과 같은 이유다. 오답노트를 사용하면 자신이 무엇을 모르는지, 어느 부분에서 실수를 했는지를 알 수 있다. 학자들은 이러한 자신의 정신적인 과정 즉, 인지과정을 살펴보는 정신적 활동을 메타인지라고 한다. 학습자의 인지과정에서 발생하는 오류들을 발견하여 수정하는 것은 근본적인 학습자의 학습 능력을 향상시키는 방법이다.

학습코칭에서는 기본적으로 학습 다이어리를 작성하게 한다. 이는 학습과정에서의 오류를 스스로 체크하도록 안내하는 방식이다. 예를 들어 수학문제를 틀렸는데 그 문제를 왜 틀렸는지 이유를 찾는 것이다. 물론 실력이 없어서 틀렸다고 할 수 있지만 조금 더 자세히 살펴보면 문제를 읽으면서 생기는 오류였는지, 문제를 풀면서 만들어진 오류였는지, 아니면 문제를 적는 단계에서 흔히들 실수라고 말하는 오류였는지 살펴보는 것이다. 이렇게 반복하는 실수를 찾아내는 것은 학습자의 인지능력 발달에 있어 매우 중요한 일이다. 그래서 교육을 정보처리 과정으로 본 인지심리학자 포이어슈타인은 인지과정을 입력(input)-정교화(elaboration)-출력(output)으로 나누고 이곳에서 발생하는 기능적 오류 리스트를 제공했다.

부모들을 만나고 대화를 해 보면, 자녀에 대해서 많은 관찰을 했으면서도 정확히 학습적으로 어떤 부분에 어려움이 있으며, 이를 극복하는 방법은 뭔지 알지 못하는 경우가 많다. 인지 기능을 이해하고 오류를 체크할 수 있는 것만으로도 어떻게, 무엇을 도와야 할지 정확한 인지 지도(map)를 갖게 된다.

인지 기능의 세 가지 단계

인지 기능을 크게 세 가지 단계로 나누어 볼 수 있다. 입력단계, 사고활동(정교화) 단계, 출력단계가 그것이다. 이러한 분류는 인위적이기 때문에 실제 생활에서는 정확히 구분되어 작동하지 않을 수 있다. 그러나 이렇게 나누어 설명하는 것이 사고를 분석하거나 설명하는 데 매우 유용하며, 사고 기능에 미치는 부정적인 요인을 파악하는 것에도 유익하다. 인지 기능의 순서와 기능장애 모델은 학부모 또는 교사가 어려움을 경험하고 있는 자녀들을 보다 잘 이해하고 도울 수 있게 한다.

1) 입력 단계(input): 정보를 받아들이는 과정

입력 단계는 문제를 해결하기 위한 정보나 데이터를 모으는 과정이다. 학습자가 문제를 이해하는 단계라고 할 수 있다. 이 단계에서 필요한 기능은 주로 주의와 지각의 문제와 관련이 있다. 예를 들어, 효과적인 정확한 듣기 능력, 견고한 언어이해 능력, 시간을 이해하는 능력, 공간적 표현 이해 그리고 양에 관한 이해 개념이 포함된다.

2) 사고활동 단계(elaboration, 정교화): 문제풀이를 위한 진행

이 단계에서는 모인 정보나 데이터가 실행된다. 우리의 인지 기능은 수집한 정보를 비교, 분석, 분류하고 종합하여 추론하는 문제를 해결하기 위해 사용하는 사고 과정이다. 이 단계에서는 비논리적인 추론 또는 단편적 사고, 경험이나 기억의 한계 등으로 학습자의 인지 오류가 발생한다.

3) 출력 단계(output)

출력 단계는 처리된 정보를 바탕으로 결정을 내리고, 반응을 생성하는 과정이다. 이 단계에서의 인지 기능은 의사 결정을 통하여 행동을 하는 것과 관계가 있다. 이 단계에서의 오류는 충동적이거나 부적절한 반응, 출력 양식의 미흡, 언어나 기호 사용 능력의 부족 등이 될 수 있다.

위 내용을 바탕으로 프로세스를 살펴보면 다음과 같다.

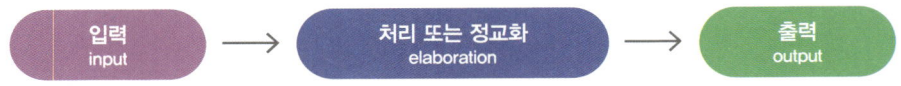

학습에서의 메타인지능력은 이 세 단계에서 학습자가 인지 기능을 사용할 때 스스로를 내려다볼 수 있는 능력을 말한다. 학습자들을 연구해 보면 각각 단계마다 개인의 독특한 오류 리스트가 존재한다. 학습코칭에서 지도자의 역할 중에 이러한 학습자의 성향을 찾아내서 수정해 주는 것이 매우 중요하다.

그러나 전문가가 아닌 부모나 지도자들이 학습자의 오류를 찾아서 원인을 밝혀내고 오류를 수정하는 것은 어려운 일이다. AI를 기반으로 하는 멜리츠교육에서는 이러한 학습자의 메타인지 기능을 검사하는 기능을 가진 GPTs를 사용한다. 멜리츠교육은 학습의 기능적 오류를 수정하는 것을 근본적인 학습 능력의 향상으로 정의한다.

그렇다면 더 세밀하게 각각의 단계에서 어떤 오류 리스트가 있으며 우리는 그 오류를 어떻게 수정할 수 있는지 알아야 한다. 다음 소개하는 메타인지 검사봇은 부모나 지도자들에게 자녀에 대한 학습기능을 이해할 수 있게 도울 것이다.

자녀의 학습 기능 점검하기: 메타인지 검사봇

메타인지 검사봇은 GPTs Store에서 검색하면 아래와 같은 GPTs를 찾을 수 있다. 자신의 GPT 창에 넣어서 사용하면 된다. 또는 저자들이 제작한 GPTs들을 한곳에 모아 놓은 곳에서 쉽게 학습 관련 봇을 찾을 수 있다. 먼저 아래와 같이 axnow.org 홈페이지에 접속하고 'AI 멜리츠 학습법'을 클릭한다.

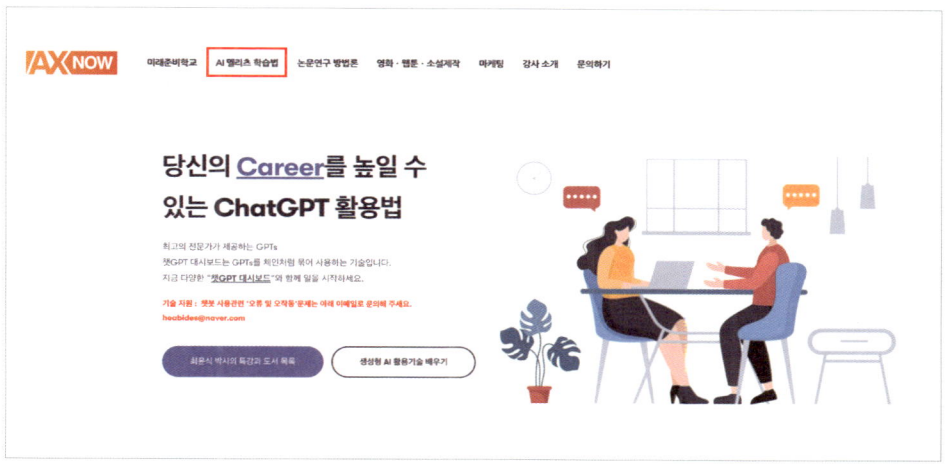

위 사이트에서 'AI 멜리츠 학습법'으로 들어가면 각종 학습에 특화된 GPTs들을 만날 수 있다. 이 책의 저자들이 한국 교회와 다음 세대를 위해 무료로 오픈한 사이트다. 학습봇들 중에 '학습역량검사' 항목에서 멜리츠 메타인지(인지오류) 검사봇을 찾을 수 있다. 클릭하면 메타인지 검사봇을 사용할 수 있다. 챗GPT에 가입한 사람이라면 누구나 무료로 사용할 수 있고, 물론 챗GPT 무료 사용자는 사용 횟수에 제한이 있다.

　이 봇을 사용하는 방법은 간단하다. 첫 번째 화면에서 보이는 "메타인지 검사를 하고 싶어요"라는 대화창을 누르면 검사가 진행된다. 입력, 정교화, 출력 어느 부분을 먼저 검사하겠느냐고 검사봇이 물어 보면 사용자가 선택한다. '입력'에 8개 기능, '오류와 정교화'에는 13개의 기능, '오류 그리고 출력'에 7개의 기능과 오류리스트가 있다. 이 검사는 부모나 교사의 관찰 검사로 각 기능 오류마다 세 가지의 질문을 받게 된다. 세 가지 질문에 자신이 학습자를 관찰한 내용에 따라 입력을 하면 된다. 그럼 검사를 통해서 입력 단계의 오류를 함께 알아보자.

　예시 질문 "메타인지(인지오류)검사를 하고 싶어요"를 클릭한다. 그러면 세 가지 단계 중에 어떤 부분부터 검사를 할 것인가를 '검사봇'이 간단한 설명과 함께 물어본다. 대화 내용은 다음과 같다.

> 메타인지(인지오류)검사를 하고 싶어요.

🧠 좋습니다. 메타인지(인지오류)검사를 시작하겠습니다. 검사는 3단계로 이루어지며 크게 입력 단계, 정교화 단계, 출력 단계로 나누어집니다. 각 단계에서의 오류 기능을 점검할 것입니다.
먼저 어떤 단계에서 시작할지 선택해 주세요.
1. 입력 단계: 정보를 받아들이는 단계
2. 정교화 단계: 수집된 정보를 처리하고 문제를 해결하는 단계
3. 출력 단계: 처리된 정보를 바탕으로 결정을 내리고 반응을 생성하는 단계

원하시는 단계의 번호를 입력해 주세요.

어떤 단계의 검사를 원하는지 선택하고, GPTs가 축소 검사하는 일이 없도록 그 단계의 검사 리스트의 숫자까지 적어 준다. 다음과 같이 입력한다.

> 입력단계 8가지 기능을 하나씩 점검하고 싶어요.

🧠 입력 단계에서 점검할 8가지 '오류 기능'에 대해 각각의 기능을 하나씩 진단해 보겠습니다. 각 오류 기능에 대해 세 가지 질문을 할 예정이니, 각 질문에 1점(전혀 그렇지 않음)부터 5점(매우 그렇다)의 점수로 답변해 주세요.

1 : 전혀 그렇지 않다
2 : 별로 그렇지 않다
3 : 보통이다
4 : 약간 그렇다
5 : 매우 그렇다

03. 학습에 앞서 학습자를 먼저 알아야 한다

> 첫 번째 능력인 모호한 지각 능력에 대한 질문부터 시작하겠습니다.
>
> **1. 모호한 지각 능력**
>   1) 학습자가 수업 중 중요한 지시 사항이나 설명을 자주 놓치는 것을 관찰하나요?
>   2) 학습자가 시각적 자료나 교재에서 중요한 정보를 파악하는 데 어려움을 보이나요?
>   3) 학습자가 주변의 소음이나 움직임에 쉽게 주의가 산만해지는 것을 목격하나요?
>
> 각 질문에 대한 점수를 입력해 주세요.

특정 단계의 오류검사가 시작되면 하나의 오류 기능에 세 가지 질문을 한다. 자녀 또는 지도하고 있는 학생이 해당 사항에 1점에서 5점 사이를 매겨서 전해 주면 된다. 이렇게 세 가지 문항에 점수를 매겨 순서대로 입력한다. 심각한 수준에 있는 것에는 개선점을 언급하고 다음 질문을 한다.

> 여덟 번째 기능에 대한 점수를 기록했습니다.
> 이제 입력 단계의 8가지 기능에 대한 검사를 모두 완료했습니다. 각 기능별로 받은 점수를 바탕으로 종합적으로 평가하겠습니다.
>
> **종합 평가**
> • 모호한 지각 능력: 10점 (약간의 우려가 있음)
> • 충동적으로 이루어진 상황 탐구: 11점 (약간의 우려가 있음)
> • 변별을 위한 언어나 개념 결여: 4점 (문제 없음)
> • 공간 개념 결여: 4점 (문제 없음)
>
> **결과 요약**
> 총 8개의 기능 중 모호한 지각 능력, 충동적으로 이루어진 상황 탐구, 그리고 세밀한 자료 수집 능력에서 약간의 우려가 나타났습니다.

나머지 기능에서는 문제 없음으로 평가되었습니다.

개선 방법
1. 모호한 지각 능력: 시각적 자료를 좀 더 명확하게 인지할 수 있는 훈련과 주변 환경에서 주의력을 높일 수 있는 방법을 연습하는 것이 좋습니다. 여러 감각을 활용하여 정보를 정확히 인지하도록 피드백과 연습을 반복해 보세요.
2. 충동적으로 이루어진 상황 탐구: 계획적인 접근을 강조하는 훈련이 필요합니다. 구체적인 목표와 단계별 계획을 세우는 연습을 통해 과제나 문제 해결 시 충동적인 행동을 줄일 수 있습니다.
3. 세밀한 자료 수집 능력: 자료를 세부적으로 관찰하고 중요한 정보를 놓치지 않도록 훈련이 필요합니다. 중요한 세부 사항을 기록하고, 자료 수집 과정에서의 주의 깊은 점검을 강조하는 방법을 적용해 보세요.

입력 단계의 모든 오류 기능 점검을 마쳤습니다. 주요 문제로 나타난 항목에 대한 개선 방안을 이미 제시했습니다. 나머지 기능들은 대체로 큰 문제가 없는 것으로 나타났습니다.

이제 다음으로 어떻게 진행하실지 알려 주세요.
추가로 다른 단계의 오류 기능을 점검하시겠습니까, 아니면 지금까지의 결과에 대해 더 자세한 조언이나 정보가 필요하신가요?

여기에서 조금 더 자세한 오류검사 기능을 선택하든지 아니면 자세한 조언을 구할 수 있다. 자세한 조언을 구해 보자.

입력 단계에서 발생할 수 있는 오류들과 그에 따른 자세한 조언은 다음과 같습니다.

1. 모호한 지각 능력
모호한 지각 능력은 학습자가 시각적 또는 청각적 정보를 명확하게 인지하는 데 어려움을 겪는 것을 의미합니다. 이 문제는 학습자가 수업 중 중요한 지시사항이나 설명을 놓치거나, 시각적 자료에서 중요한 정보를 파악하지 못하는 경우에 나타날 수 있습니다.

개선 방법
- 시각적 보조 도구 사용: 시각적으로 명확하고 간결한 자료를 사용하면 정보를 더 쉽게 인식할 수 있습니다. 예를 들어, 큰 글씨와 명확한 이미지를 사용하거나, 중요한 정보에 색상을 사용하여 강조할 수 있습니다.
- 청각적 지원 강화: 청각적 정보를 명확히 전달하기 위해 녹음된 지시사항을 제공하거나, 배경 소음을 최소화하는 환경을 조성합니다.
- 집중력 향상 훈련: 주의력을 높이기 위한 연습을 포함하여, 주변 환경에 쉽게 산만해지지 않도록 훈련합니다. 예를 들어, 명상이나 집중력 향상 게임을 활용할 수 있습니다.

2. 시간 개념 결여

시간 개념 결여는 시간 관리, 시간의 흐름 이해, 계획 수립과 같은 시간적 요소에 대한 인식 부족을 의미합니다. 이는 마감 기한을 잊어버리거나, 시간을 효율적으로 관리하지 못하고, 일의 순서를 혼동하는 경우에 나타날 수 있습니다.

개선 방법
- 시간 관리 도구 활용: 달력, 스마트폰 앱, 타이머 등 다양한 시간 관리 도구를 적극적으로 활용합니다. 일정을 계획하고, 시간을 체계적으로 관리할 수 있습니다.
- 일상 생활에서의 시간 사용 연습: 실제 생활에서 시간 관리를 연습하기 위해, 일과 후에 시간을 어떻게 사용할지 계획하는 활동을 포함시키세요.
- 시간 감각 개발: 시간과 관련된 활동이나 게임을 통해 시간 감각을 개발합니다. 예를 들어, 특정 활동에 얼마나 시간이 걸리는지 추정하고 실제로 측정해 보는 활동이 도움이 될 수 있습니다.

이러한 조치들을 적극적으로 적용해 보시고, 꾸준히 평가하여 어떤 방법이 학습자에게 가장 효과적인지 파악하시기 바랍니다.

검사 결과를 그래프로 표시해 달라는 명령을 받으면 아래와 같이 그래프를 만들어서 사용자가 쉽게 이해할 수 있도록 돕는다.

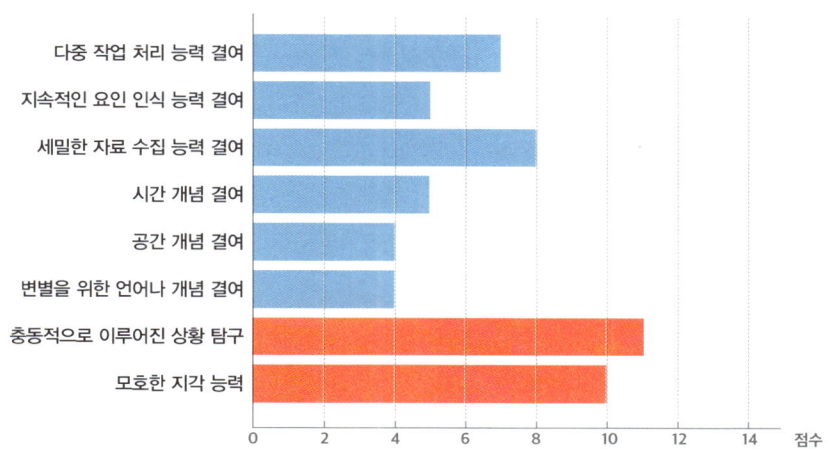

| 입력 단계 인지 오류 - 기능별 점수 |

위와 같은 방법으로 정교화와 출력 단계의 검사를 실시할 수 있다. 물론 이 검사는 관찰검사의 한계를 지니고 있으므로 절대적인 결과로 받아들이면 안 된다. 검사 결과는 부모나 교사들의 생각을 구조화하고 시각화함으로 학습자의 오류를 파악한 후 개선점에 초점이 맞춰지도록 활용한다.

PART. 2

실전

멜리츠 학습법으로
새로운 것 배우기
_수학, 영어, 사회

멜리츠 Math Solver 바로가기

[04]

수학 학습하기
"이차함수를 쉽게 가르쳐 줘"

인간의 인식 5단계

사전 작업으로 메타인지 검사를 했다면, 멜리츠 학습법에 본격적으로 들어가 보자. 우리 학습법은 인간의 인식 기능을 참고했다. 특히, 인식 기능 중 '새로운 것을 학습하기' 단계에서 일어나는 과정을 본떠서 만들었다.

우리는 인식(認識, cognition) 또는 인지(認知)가 인간의 생물학적 뇌에서 외부 대상을 아는 일을 가리킨다고 정의했다. 인식의 과정은 인간의 오감을 통해 뇌 안에 직접적 · 개별적 · 구체적으로 형성된 감성적 인식(외면적인 인상)이 먼저 형성되고, 이런 초기 감성적 인식의 실천을 반복하면서 그릇된 점은 정정하고 다른 사물과의 비교 · 구별 등을 통하여 개념을 구성하고, 판단과 추리를 하며 대상의 본질에 대한 최종적인 이성적 인식을 얻는다고 했다.

우리는 이 과정을 '인식의 5단계'로 분류했다. 그리고 생성형 인공지능을 각 단계에 대입하여 인간의 생물학적 뇌의 인식 전 과정을 돕는 확장 뇌 혹은 입는 뇌로 사용하는 토대를 마련했다. 우리가 앞에서 언급했듯이, 우리의 실험과 경험에 의하면 챗GPT4o를 잘 다루면 인간의 '인지 과정(cognitive process)'을 상당 부분 흉내 내도록 할 수 있다. 우리가 분류한 인식의 5단계와 각 단계마다 생성형 인공지능이 어떻게 연결되는지를 살펴보자.

1) 인식 0단계: 이전 기억 단계

→ 생물학적 뇌: 이전에 인식의 5단계 전 과정을 한 바퀴 돌아 이미 형성(기억)되어 있는 상태이다.

→ 생성형 인공지능: 대규모 사전 학습(Pre-trained knowledge) 과정을 마치고 일정한 수준의 기억이 생성되어 있는 상태이다.

2) 인식 1단계: 감지 단계

→ 생물학적 뇌: 외부에서 특정 이슈에 대한 정보, 지식을 오감을 통해 시시각각 감지한다. 감성적 인식(외면적인 인상)이 형성된다.

→ 생성형 인공지능: 현재의 생성형 인공지능은 실시간으로 추가 학습은 할 수 없다. 대신, 세 가지 방법으로 최신 정보를 감지하는 것을 흉내 낼 수 있다. 첫째, 빙(Bing) 같은 검색엔진 기능을 장착하여 최신 정보와 지식을 감지할 수 있다. 둘째, RAG(검색 증강 생성) 기술을 활용하여 정확하고 관련성이 높은 최신 정보를 생성하도록 학습시킬 수 있다. 셋째, 주기적으로 오픈AI가 대규모 추가 학습 과정을 통해 최신 정보와 지식을 업데이트하는 것이 가능하다.

3) 인식 2단계: 주의 집중 단계

→ 생물학적 뇌: 외부에서 감지한 감성적 인식에서 중요한 정보와 지식을 선택하여 대뇌 신피질에 신규 기억을 생성한다.

→ 생성형 인공지능: 사용자가 중요한 정보나 지식에 선택적으로 주의 집중하게 만드는 것이 가능하다.

4) 인식 3단계: 인식의 보정 및 연결 기능 향상 단계

→ 생물학적 뇌: 새롭게 추가된 기억이나 관점의 다양성을 늘리면서, 이미 알고 있는 지식, 이슈나 주제에 대한 이전 기억을 보정하고 새로운 연결점을 만든다.

→ 생성형 인공지능: 추론 기능의 업데이트를 통해 이미 학습된 정보나 지식 등에 대한 새로운 연결점을 확대하는 것이 가능하다. 예를 들어, 오픈 AI는 챗GPT의 기능 향상을 위해 '지식 통합의 강화'를 반복적으로 시도한다. 대규모 사전 학습 과정을 마친 챗GPT는 여러 데이터 소스와 지식 도메인에서 획득한 정보를 통합하여 기억하고 있다. 지식 통합의 강화는 챗GPT가 사전 학습한 내용 안에서 서로 다른 정보 간의 '연결고리'를 더 많이 찾아 상호 주제 연관성의 인식능력이 높아지면서 일관된 지식 베이스로 통합되는 특징을 강화한다.

이렇게 지식 통합이 강화될수록 경제, 정치, 환경 등 다양한 요소가 얽힌 질문에 대해 각각의 요소를 어떻게 연결할 수 있는지 분석하는 능력이 향상되고, 인과관계 파악과 추론 능력 향상이 저절로 뒤따라온다. 예를 들어 사용자가 "지속 가능한 에너지 솔루션"에 대해 물었을 때, 지식 통합이 강화될수록 챗GPT는 태양열, 풍력, 생물학적 에너지 등 다양한 에너지원의 장단점을 더 잘 분석하고, 맥락적이고 관련성 높은 정보를 제공하여 각각의 환경적 영향과 경제적 비용까지 추론하여 제시할 수 있게 된다.

5) 인식 4단계: 새로운 것 학습하기 단계

→ 생물학적 뇌: 새로운 것을 배움으로 인식의 확장을 이룬다. 새로운 것을 배우는 데에는 하위 10단계의 프로세스를 거친다. 이 프로세스를 가지고 다음 장에서 수학, 영어 등 실제 사례를 학습하는 과정을 진행해 볼 것이다.

① 주입: 개념 주입, 기초 사례 주입

② 개념 이해: 개념은 어떤 분야의 지식을 구성하는 기본 단위로 작용한다. 개념을 통해 복잡한 정보와 아이디어를 분류 및 조직할 수 있다.

③ 이치 이해: 깊고 근본적인 이해를 제공하며, 원인과 결과의 연결, 효과적인 문제 해결의 역할을 한다. 이치를 바탕으로 정보를 실생활 문제에 적용하고 현상을 분석하거나 예측할 수 있다.

④ 원리 이해: 이치는 어떤 현상의 근본적 이유를 제공하는 반면, 원리는 그 이유를 바탕으로 현상이 어떻게 일관되게 작동하는지를 설명한다. 원리를 이해하면 일관된 패턴을 통해 미래를 예측할 수 있고 근본적 원리를 통해 현상을 조작할 수 있다.

⑤ 분석(심층이해): 비교 및 분류 분석. 주로 개념이나 대상을 서로 비교하고 대조하여 그 유사점과 차이점을 이해하거나, 특정 범주에 따라 분류하여 복잡한 정보의 구조, 관계, 패턴을 식별할 수 있다.

⑥ 연결: 다른 개념이나 사실과 연결해 지식의 경계를 확장한다.

⑦ 확장: 추론 사고, 토론, 확산적 사고(divergent thinking), 시스템 사고를 통해 문제를 정의하고 가설을 검증해 타당한 결론에 도달한다.

⑧ 통찰: 분별(진선미, 변하는 것, 변하지 않는 것), 예측(학습한 것을 미래로 투사), 시나리오 사고, 시뮬레이션 사고를 통해 문제를 깊이 생각하고 다양한 각도에서 고민하며 다른 방식으로 재구성하는 과정에서 해결책을 찾는다.

⑨ 전이 및 적용: 다양한 문제 상황에서 이전에 배운 지식이나 기술이 다른 영역에 적용된다. 추상화(일반화) 후 다른 영역으로 전이해 삶의 지혜로 변환되며 창의적 문제 해결에 필수적이다.

⑩ 평가: 시험(Test), 글쓰기, 다른 사람에게 가르쳐 보기 등으로 학습 전 과정의 결과를 평가한다.

→ 생성형 인공지능: 위의 새로운 것을 배우는 10단계마다 인간의 학습을 돕는 것이 가능하다.

6) 인식 5단계: 새로 배운 것을 실행하면서 비판 등의 사고 기술 병행 단계

→ 생물학적 뇌: 새로운 것을 배운 후, 계속 실천하면서 그릇된 점은 정정하고 판단과 추리를 하며 대상의 본질에 대한 이성적 인식을 얻는다. 이때, 비판적 사고, 반성적 사고, 메타인지적 사고(Meta-cognitive thinking. 사고 과정에 대한 사고 과정. 자신의 인지 과정에 대해 한 차원 높은 시각에서 관찰, 발견, 통제, 판단하는 정신 작용으로 내가 무엇을 알고 무엇을 모르는지, 내가 어떻게 사고하고 있는지 등을 알아차리는 능력이다), 패턴 파괴와 재구성 사고, 전략적 사고 등의 기술이 사용되며, 기존 인식을 재구조하여 인식의 수준을 한 단계 발전시킨다.

→ 생성형 인공지능: 인간의 생물학적 뇌가 비판적 사고, 반성적 사고, 메타인지 사고, 패턴 파괴와 재구성 사고, 전략적 사고 등을 활발하게 할 수 있도록 돕는 것이 가능하다.

멜리츠 학습법으로 '이차함수 학습하기'

 백문이 불여일견이니 챗GPT를 가지고 '수포자'가 수학을 어떻게 쉽게 배울 수 있는지 실례를 살펴보자. 다음의 예시는 앞에서 설명한 '인식 4단계: 새로운 것 학습하기' 단계에 해당한다. 이 과정을 하위 10단계의 프로세스로 분류해서 적용한다.

 총 10개의 각 단계마다 '기본 프롬프트'와 '추가 프롬프트'의 예시가 있다. 기본 프롬프트는 각 단계를 시작할 때마다 반드시 사용하기를 권하는 프롬프트이다. 수학은 물론이고 어떤 과목을 학습하든 각 단계의 시작은 이 책에 제시된 기본 프롬프트를 입력하는 것으로 시작하기를 권한다.

 추가 프롬프트는 응용 프롬프트들이다. 각 단계마다 챗GPT가 사용자의 학습을 원활하게 돕거나, 사용자의 이해를 높이는 데 도움이 되는 프롬프트다. 추가 프롬프트는 우리가 제시한 샘플 이외에도 사용자가 챗GPT와 학습하는 시간과 경험이 늘어날수록 얼마든지 창조적으로 추가할 수 있다. 다음에 나오는 실례들은 기본 프롬프트와 추가 프롬프트를 적절하게 사용하여 만들었다. 괄호 안의 내용은 사용자가 배우고자 하는 내용, 연령, 수준 등 자기에 맞게 조정하여 입력하면 된다.

 이제 시작해 보자. 가장 먼저 할 일은 우리가 각 과목별로 만들어 놓은 '전문 챗봇'을 설치하여 사용자의 챗GPT 창에 띄우는 일이다. 우리가 만든 전문 챗봇을 설치하는 방법은 두 가지다. 하나는 '챗GPT 공개 장터'에서 검색하는 것이다. 다음 이미지처럼 챗GPT 사이트의 챗봇 검색창에서 "멜리츠 Math Solver"라고 입력하면 우리가 만든 수학 학습 전용 챗봇이 나타난다. 각 장의 앞부분에 바로가기 링크를 QR로 만들어 두었으니 인식해서 사용할 수도 있다.

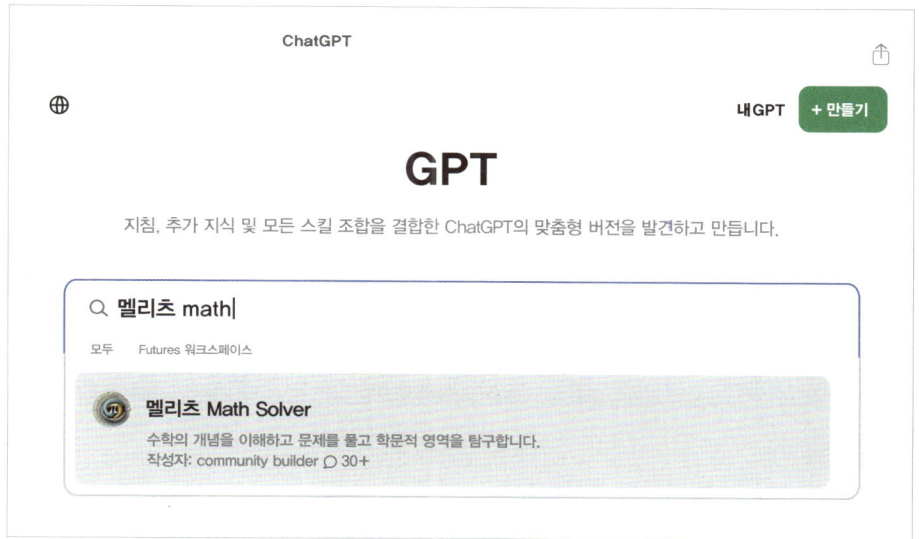

멜리츠 Math Solver 챗봇을 클릭하면 새로운 창이 하나 나타난다. '채팅 시작' 버튼을 누르면 수학 학습 챗봇이 사용자의 챗GPT 워크스페이스 채팅창에 자동으로 설치된다.

다른 방법 하나는 www.axnow.org 사이트에 만들어 놓은 'AI 멜리츠 학습법' 전용 대시보드를 이용하는 방법이다. 아래의 사이트에서 대시보드를 열고 원하는 전문 챗봇을 클릭하면 사용자의 챗GPT 창에 자동으로 설치된다.

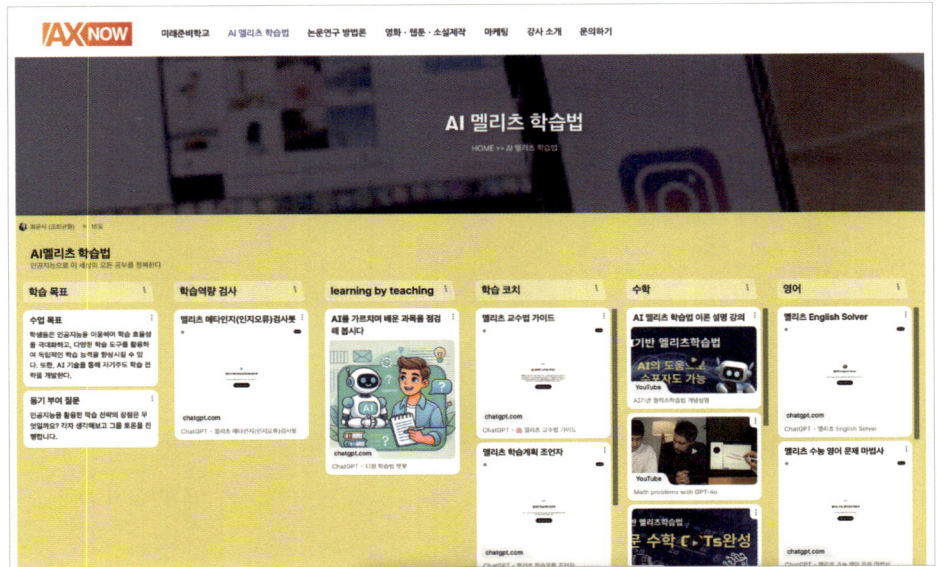

참고로, 챗GPT 베이스 모델에서도 '새로운 것 배우기 10단계'를 작동시킬 수 있다. 하지만 전문가들이 '내 GPT 만들기' 기능으로 만들어 놓은 각 과목별 전문 챗봇을 사용하는 것을 강력히 추천한다. 그 이유에 대해서는 수학 샘플을 설명한 후에 자세히 살펴보자.

이미 만들어진 수학 학습 전용 챗봇인 멜리츠 Math Solver를 설치했다면, 본격적으로 수학 공부를 시작해 보자. 챗봇에게 날 위해 뭔가를 단지 해 달라고 요청하지 말고, 나를 가르쳐 달라고 하라.

새로운 것 배우기 사전 단계: 역할 부여

이 단계는 챗봇에게 역할과 목적을 부여하는 사전 단계다. 챗봇에게 특별한 역할을 한 번 더 부여하면 더 좋은 답변을 한다. 우리가 수학 학습 전용 챗봇을 만들었지만, 이 단계에서는 챗봇이 '특별하게' 선생님 역할을 한다는 것을 지정하는 것이다.

나
너는 지금부터 세계 최고의 수학 선생님 역할을 할 거야. 주 전공은 (함수)야.

멜리츠 Math Solver
알겠습니다! 함수에 관해 다룰 준비가 되어 있습니다. 함수에 관한 질문이 있으시다면 언제든지 말씀해 주세요.

새로운 것 배우기 1단계: 주입

이 단계는 마치 선생님이 학생에게 기본 정보와 지식을 전달하는 시간과 같다. 선생님은 학생에게 일방적으로 기본 정보나 지식을 설명하여 주입을 시도한다. 챗GPT도 그렇게 시작할 수 있다.

나
나는 (함수)를 배우고 싶어. 나는 (초등학교 4학년)이고 현재 수준은 (초보자)야.
네가 세계 최고의 (함수) 교수로서 나를 어떻게 교육시킬지 너의 교수법 계획을 알려 줘.

멜리츠 Math Solver

초등학교 4학년 학생을 위한 함수 교육 계획을 세우는 것은 매우 중요합니다. 함수에 대한 기초적인 이해를 쌓는 것부터 시작하여 점차적으로 복잡한 개념을 도입할 계획입니다.

1. 함수의 기본 개념 소개
- 정의 및 용어 설명: 함수가 무엇인지, 입력과 출력이 무엇을 의미하는지 설명합니다.
- 일상생활에서의 예: 키가 클수록 발의 크기도 크다는 것과 같은 간단한 함수적 관계를 이해시킵니다.

2. 간단한 함수 만들기
- 입력과 출력 이해: 간단한 규칙을 사용하여 입력(x)에 따른 출력(y)을 예측하는 연습을 합니다.
- 함수 작성 연습: 'x가 2일 때 y는 x의 두 배'와 같은 간단한 함수를 직접 만들어 봅니다.

3. 함수의 그래프 이해
- 그래프의 기초: 좌표 평면에 대한 이해를 돕고, 간단한 점들을 좌표 평면에 나타내 보는 활동을 합니다.
- 간단한 선형 함수 그리기: x값에 따른 y값을 연결하여 직선의 형태를 그려보는 활동을 통해 시각적 이해를 강화합니다.

4. 실생활 문제 해결
- 문제 해결 실습: 실생활 상황을 모델링하는 간단한 함수를 사용하여 문제를 해결해 보는 연습을 합니다.
- 함수를 이용한 추론: 주어진 데이터로부터 규칙을 찾아내고 예측하는 능력을 키웁니다.

5. 게임과 퍼즐을 통한 학습
- 퍼즐: 함수와 관련된 퍼즐을 풀어 보며 문제 해결 능력을 신장시킵니다.

6. 지속적인 복습과 응용
- 주기적인 복습: 배운 내용을 주기적으로 복습하여 학습 내용이 잘 기억되도록 합니다.
- 응용 문제: 다양한 유형의 함수 문제를 접하면서 배운 개념을 실제로 적용해 보는 기회를 제공합니다.

> **챗GPT 추가 프롬프트**
>
> ex) (함수)라는 단어가 무슨 뜻인지 모르겠어. (초등학교 4학년) 수준으로 쉽게 설명해 줘.
> ex) 이렇게 교육 계획을 세운 이유를 자세하게 설명해 줘. 왜 이런 순서대로 배워야 하지? (초등학교 3학년) 학생도 알아듣게 설명해 줘.

새로운 것 배우기 2단계: 개념 이해

이 단계부터 본격적으로 사용자와 챗봇이 대화를 하면서 새로운 것을 배우기를 시작한다. 먼저 개념 이해를 시작한다. 개념(concept)은 사물, 현상, 아이디어의 기본적인 '특성'이나 '속성'을 정의하는 일반적인 이해나 아이디어를 가리킨다. 무언가 새로운 것을 배울 때, 개념부터 시작하는 것이 일반적으로 권장되는 방식이다.

그 이유는 두 가지다. 첫째, 개념(용어, 정의 등으로 구성)을 먼저 이해하면 기본적인 틀이 마련되고, 그 위에 더 복잡한 지식을 쌓아 올릴 수 있다. 개념적 지식은 새로운 정보를 기존의 지식 체계에 통합하고 연관 지어 생각할 수 있는 기반도 제공한다. 예를 들어, 수학에서는 숫자와 연산의 기본 개념을 먼저 이해해야 복잡한 문제를 해결할 수 있다. 개념이 확립되면 이치를 통해 왜 그런지를 이해하는 것이 더 자연스럽고 직관적이다. 둘째, 개념을 이해한 후에 관련된 이치나 원리를 배우는 것은 학습을 한 단계 더 심화시키고, 더 깊은 이해를 가능하게 한다. 개념을 통해 복잡한 정보와 아이디어를 분류하고 조직할 수 있으며 개념을 통해 다양한 관점과 이론을 평가하는 등 논리적 사고 또한 촉진한다.

챗GPT 기본 프롬프트

ex) 중요한 전제는 이거야. 나는 (기본적인 개념 이해도 부족한 완전히 초보자)야. 기초부터 차근차근 배우고 싶어. 나는 무엇부터 배워야 할지도 몰라. 네가 세계 최고의 수학 교수이자 전문가로서, 완전 초보자 학생이 (함수)를 완전히 이해하려면, 가장 먼저 배워야 할 '개념'이 무엇인지 가르쳐 줘. 설명과 예시는 (초등학교 4학년) 수준으로 부탁해.

챗GPT 추가 프롬프트

ex) (함수)의 개념을 '논리적 문장'으로 정리해 줘. 어떻게 '암기'하면 돼?
ex) (독립 변수, 종속 변수)라는 용어가 등장했네. (초등학교 4학년)에 맞게 (축구)와 관련된 실제적인 예를 들어서 설명을 부탁해.
ex) (비디오 게임, 컴퓨터 게임)으로 비유해 주면 이해가 빠를 것 같아. (함수)를 (게임)에 비유해서 다시 설명해 줘. 암기 팁도 알려 줘.
ex) 학생들이 (함수) '개념'을 학습하는 과정에서 자주 빠지는 '오류 리스트'와 그 이유를 설명해 줘.
ex) (함수)의 '개념'을 완전히 이해했어. (함수)의 개념을 '핵심 문장'으로 정리해서 알려 줘. 핵심 문장에서 가장 중요한 단어가 무엇인지도 구별해 줘. 그리고 핵심 문장과 핵심 단어를 암기할 팁도 알려 줘.

추가 프롬프트 중에서 '학생들이 (함수) 개념을 학습하는 과정에서 자주 빠지는 오류 리스트와 그 이유를 설명해 줘'로 요청해 보자. 다음은 물음에 대한 챗GPT의 답변이다. 오류 리스트는 '오답 노트'에 자주 등장할 만한 실수들이다. 챗GPT는 어떤 분야이든 학생들이 학습할 때 가장 빠지기 쉬운 오류 리스트와 그에 대한 이유를 놀랍게 잘 설명해 준다.

챗GPT 추가 프롬프트

ex) 학생들이 (함수) '개념'을 학습하는 과정에서 자주 걸리는 '오류 리스트'와 그 이유를 설명해 줘.

 나

학생들이 (함수) '개념'을 학습하는 과정에서 자주 걸리는 '오류 리스트'와 그 이유를 설명해 줘.

멜리츠 Math Solver

함수 개념을 학습하는 과정에서 학생들이 자주 접하는 오류들과 그 원인을 살펴보는 것은 교육에서 매우 중요합니다. 다음은 함수를 배울 때 학생들이 자주 접하는 몇 가지 일반적인 오류와 그 이유들입니다.

1. 함수를 단순한 공식이나 규칙으로 인식하기

　학생들이 함수를 단순히 수학적인 공식이나 기계적인 규칙으로만 인식하여, 함수가 나타내는 근본적인 의미나 실생활과의 연결성을 놓칠 수 있습니다.

2. 동일 입력에 대한 다수의 출력을 가정하기

　일부 학생들은 하나의 입력값에 대해 여러 개의 출력값이 가능하다고 잘못 이해할 수 있습니다.

3. 독립 변수와 종속 변수의 개념 혼동

　입력값과 출력값, 독립 변수와 종속 변수를 혼동하여 사용하는 경우가 많습니다.

4. 함수 표현의 식에만 집중하기

　함수의 실제 의미나 작동 원리보다는 f(x)=y와 같은 표현 방식에만 집중하는 경우가 있습니다.

5. 그래프의 이해 부족

　함수의 그래프를 그릴 때, x축과 y축이 나타내는 바를 제대로 이해하지 못하고 잘못된 위치에 점을 찍거나 잘못된 형태의 그래프를 그립니다.

새로운 것 배우기 3단계: 이치 이해

이치(reason)는 사물이나 현상이 '왜' 그렇게 일어나는지, 그것이 일어나는 내부적 또는 본질적인 '원인'이나 '동기'를 설명한다. 이치는 원리와 비슷한 의미로 사용되기도 하지만 종종 더 광범위하게 적용되며, 개념을 배운 후 이치를 학습하는 것이 중요한 순서다. 이치를 아는 것은 해당 분야의 지식을 이해, 조직(체계화), 적용하는 기반과 구조적인 틀 형성에 중요하며 복잡한 개념이나 현상을 보다 깊게 이해할 수 있다.

학습자는 이치를 바탕으로 실생활 문제에 적용할 수 있다. 개념이 교육과 학습에서 정보의 기본 단위로 사용된다면, 이치는 그 정보를 실제 상황에 적용하고 현상을 분석하거나 예측하는 데 사용된다. 예를 들어, 물리학에서 '힘'의 개념을 이해하는 것은 '뉴턴의 운동 법칙'이라는 이치를 이해하고 적용하는 데 필수적이다.

또한 효과적인 해결책과 혁신적인 솔루션을 개발하는 과정에서도 중요한 역할을 한다.

챗GPT 기본 프롬프트

ex) 이제 (함수)의 '이치'가 궁금해. (함수)는 왜 만들어졌어? 핵심 이치를 '핵심 문장'으로 정리해서 알려 줘. 핵심 문장에서 가장 중요한 단어가 무엇인지도 구별해 줘. 수학자들은 그때 왜 (함수)를 만들어 사용하는 것이 편리하다고 생각했어? (중학교 1학년) 수준에서 이해할 수 있도록 설명해 줘.

ex) (함수)가 탄생하게 된 역사적 배경도 궁금해. (함수)가 없었을 때는 어떤 방법으로 같은 효과를 냈어? (함수)의 이치를 알면 내가 살아 가는 일상에서 어떤 점이 좋아? (함수)의 이치를 어떻게 암기하면 되는지도 알려 줘.

> **챗GPT 추가 프롬프트**
>
> ex) 역사적 배경을 더 자세하고 흥미롭게 설명해 줘. 고대 수학자들이 (함수)를 고안해 낸 사고 방식도 궁금해. 도대체, 그들의 머릿속에서는 무슨 일이 일어난 거야?
>
> ex) (함수)의 '이치'를 명료하고 논리적이고 이해하기 쉽게 '깔끔한 문장'으로 정리해 줘. 그러면 암기에 도움이 더 많이 될 것 같아!

새로운 것 배우기 4단계: 원리 이해

원리(principle)는 광범위한 개념이지만, 그것은 특정 사물의 작동 방식이나 현상이 '일관되게' 따르는 패턴이나 규칙이나 지침을 제공한다. 원리는 이치보다 더 구체적이고 적용 가능한 규칙이나 지침을 제공하는 데 초점이 맞춰져 있다. 개념과 이치를 배운 후 '원리'를 학습하는 순서가 중요하다. 이치가 '왜'에 관한 것이라면 원리는 '어떻게' 적용되는가에 대한 것이다. 원리에 대한 이해는 해당 분야의 지식을 파악, 조직(체계화), 적용하는 기반과 구조적인 틀을 형성하는 마침표다. 학생들은 원리를 바탕으로 더 심화된 학습을 진행할 수 있고, 과학적 연구와 기술 개발, 일상생활에 합리적이고 효과적인 의사 결정을 내릴 수 있다.

> **챗GPT 기본 프롬프트**
>
> ex) (함수)의 '원리'를 알고 싶어. 원리는 이치보다 더 깊고 넓은 것들을 포함한다고 알고 있어. (함수)의 '원리'를 '핵심 문장'으로 정리해서 알려 줘. 핵심 문장에서 가장 중요한 단어도 구별해 줘. 당연히 암기 팁도 함께 부탁해. (6학년) 수준에서 이해할 수 있도록 설명해 줘.

ex) (함수)의 원리를 특히 실생활에 적용 가능하게 설명해 줘.

챗GPT 추가 프롬프트

ex) (함수)가 완전히 이해된 것 같아. 이제 정리를 한번 해 보려고 해. (함수)의 '개념' '이치' '원리' 세 가지가 각각 다른 것 같아. 이 세 가지를 명확하게 비교해서 기억하고 싶어. 세 가지를 명확한 문장으로 정리해 주고, 핵심 단어들도 비교해서 알려 줘. 세 가지가 서로 어떤 차이가 있는지도 비교해서 알려 줘. 설명은 (고등학생)에게 하는 것, (초등학교 4학년)에게 하는 것, 두 가지를 차례로 해 줘.

ex) (함수)의 개념, 이치, 원리를 다 이해했어. 내가 (함수)를 잘 이해했는지 평가할 수 있는 문제를 내줘.

새로운 것 배우기 5단계: 비교 및 분류 분석

이 단계부터는 심층 학습에 해당된다. 개념, 이치, 원리, 이해 단계들은 [A=A이다]라는 학습 접근법이다. 비교 및 분류 분석 등의 심층 학습은 [~A는 무엇인가]라는 학습 접근법이다. [A=A이다] 접근법은 기초 지식의 확립과 정확한 정보의 습득에 중점을 둔 반면, [~A는 무엇인가] 접근법은 지식의 범위를 확장하고 다양한 관점에서 사고를 촉진하는 데 더 효과적이다. 각각의 방법은 학습자의 필요와 목표에 따라 선택될 수 있으며, 특히 복잡하고 다면적인 주제를 탐구할 때는 두 방법을 조합하여 사용하는 것이 좋다.

[~A는 무엇인가] 접근법에서는 주로 개념이나 대상을 서로 비교하고 대조하여 그 차이점을 이해하거나, 특정 범주에 따라 분류하는 작업을 포함한다. 이 방식은

비판적 사고와 문제 해결 능력을 발전시키는 데 유리하고 학습자가 더 넓은 관점에서 정보를 해석하고 연관지어 생각하는 데 도움을 준다.

비교 분석 사고의 실행 방법

1. 대상 선정: 개념, 사건 등 비교할 두 가지 이상의 대상을 명확히 정의한다.
2. 기준 설정: 비교할 기준이나 포인트를 설정한다.
3. 정보 수집: 각 대상의 배경, 특성, 효과 등에 대한 정보를 수집한다.
4. 비교 분석: 수집된 정보를 바탕으로 각 대상을 기준에 따라 비교한다.
5. 결론 도출: 비교 분석을 통해 얻은 유사점과 차이점과 통찰력을 바탕으로 결론에 도출한다. 새로운 관점 제시, 문제 해결 방안 모색 등이 될 수 있다.

챗GPT 기본 프롬프트

ex) 지금부터는 (함수)를 다른 수학 이론과 '비교' 분석 하면서, (함수)에 대한 수학적 이해를 더 넓히고 싶어. (함수)와 (이차방정식) 두 가지를 '비교 분석'의 사고 기술을 가지고 서로의 공통점, 차이점 등을 찾는 것도 가능할까? (함수)에 대한 색다른 관점의 이해가 나올 것 같아. 초등학교 4학년도 알아들을 수 있도록 가르쳐 줘. 실생활의 예를 들어서 설명하면 더 좋겠어.

ex) 글로만 보니까 아직 완전히 이해되지는 않아. 똑같은 예시 문제를 가지고 두 가지가 어떻게 서로 다른 문제 풀이 접근을 하는지 알고 싶어.

챗GPT 추가 프롬프트

ex) 뭔가 새로운 이해가 있을 듯한데, 예시 문제와 둘 간의 비교 분석이 너무 어려워. (초등학교 4학년)도 알아들을 수 있는 똑같은 예시 문제를 가지고 두 가지가 어떻게 서로 다른 문제 풀이 접근을 하는지를 설명해 줘.

> **멜리츠 Math Solver**
> 좋아요, 초등학교 4학년 학생도 알아들을 수 있게, 그네를 타는 예시를 사용해 보겠습니다!
>
> 상황 설명: 아이가 그네를 탑니다. 한 번 밀면, 그네는 앞으로 나갔다가 다시 뒤로 돌아옵니다. 이 때, 얼마나 높이 올라가는지(높이), 그리고 그네가 다시 시작점으로 돌아오는 데 얼마나 걸리는지(시간)를 생각해 봅시다.
>
> - 함수: 그네가 최고점에 도달하는 순간과 내려오는 순간이 있을 때, 시간(값)과 높이(출력)를 통해, 그네의 높이를 함수로 표현할 수 있습니다.
> - 이차방정식: 특정 조건이 만족하는 순간, 그네가 언제 시작점으로 돌아오는지 땅에 닿는 시간을 찾을 수 있습니다.

분류 분석 사고의 실행 방법

1. 목적 정의: 어떤 정보나 데이터를 왜 분류하려 하는지 목적을 이해한다.
2. 분류 기준 설정: 분류할 대상들을 어떤 기준으로 나눌지 결정한다.
3. 대상 분류: 대상의 특성을 분석해서 대상들을 적절하게 그룹화한다.
4. 분류 검토 및 조정: 분류가 목적에 부합하는지, 기준이 일관되게 적용됐는지 확인한다.
5. 결론 도출 및 활용: 분류된 결과를 바탕으로 결론을 도출하고 해당 분야의 문제 해결, 의사 결정, 분석 등에 활용한다.

챗GPT 기본 프롬프트

ex) 분류 분석 사고는 정보나 개념, 사물을 공통된 특성이나 기준에 따라 그룹화하는 과정이야. 지금부터는 (함수)를 다른 수학 이론과 분류 분석하면서, (함수)에 대한 수학적 이해를 더 넓히고 싶어. (함수)와 (이차방정식), 두 가지를 분류 분석의 사고 기술을 가지고 서로의 공통점, 차이점 등을 찾는 것도 가능할까? (함수)에 대한 색다른 관점의 이해가 나올 것 같아. (초등학교 4학년)도 알아들을 수 있도록 가르쳐 줘. 실생활의 예를 들어서 설명하면 더 좋겠어.

 멜리츠 Math Solver

분류 분석을 통해 수학의 개념을 이해하고 그룹화하는 것은 학습에 매우 유용합니다. 함수와 이차방정식을 분류하면서 둘 사이의 공통점과 차이점을 살펴보겠습니다. 이 과정을 통해 각각의 개념을 어떻게 구분할 수 있는지 살펴보고, 초등학교 4학년 학생도 이해할 수 있도록 간단하고 친숙한 예시를 사용하겠습니다.

공통점
1. 변수 사용: 함수와 이차방정식 모두 변수를 사용합니다. 예를 들어, x와 y는 수학 문제에서 자주 보이는 변수입니다.
2. 수학적 표현: 두 개념 모두 수학적 관계를 표현하기 위해 수식을 사용합니다. 예를 들어, 함수 $y=2x+1$과 이차방정식 $x^2-5x+6=0$은 모두 수학적 관계를 나타냅니다.

차이점
1. 목적의 차이
- 함수: 어떤 입력(독립 변수)이 주어졌을 때, 그에 따라 출력(종속 변수)을 계산하는 것입니다. 예를 들어, 아이스크림 가게에서 아이스크림 개수에 따라 가격을 계산하는 경우, 아이스크림 개수(입력) × 단가 = 총 가격(출력)과 같은 관계가 함수입니다.
- 이차방정식: 특정 조건을 만족하는 변수를 찾는 것이 목적입니다. 예를 들어, 물건을 던졌을 때 물건이 최고점에 도달하는 시점을 찾는 것이 이차방정식을 사용하는 예가 될 수 있습니다.

2. 관계의 형태
- 함수: 일반적으로 하나의 입력에 하나의 출력이 연결됩니다. 다양한 입력에 대해 각각의 출력을 계산할 수 있습니다.
- 이차방정식: 주로 방정식의 해를 찾는 데 사용되며, 이는 입력에 대해 특정 조건(예: 방정식을 만족하는 값)을 만족하는 출력(해)을 찾는 것입니다.

3. 실생활 예시
- 함수의 예: 학교에서 선생님이 학생들에게 점수를 기준으로 등급을 매기는 시스템을 생각해 보세요. 이 경우, 점수에 따라 등급이 결정됩니다. 여기서 학생의 점수는 입력이고, 나오는 등급은 출력입니다.
- 이차방정식의 예: 놀이공원의 롤러코스터가 가장 높은 지점에 도달했다가 다시 내려오는 시점을 예측하는 상황을 생각해 보세요. 롤러코스터가 최고점에 도달하는 시점을 찾기 위해 이차방정식을 사용할 수 있습니다.

챗GPT 추가 프롬프트

ex) 그러면, (함수)가 (이차방정식)의 상위 개념인가?
ex) (함수)가 (이차방정식)의 상위 개념이라면, 두 가지를 포괄하는 상위 개념이 있는 거야?
ex) 역사적으로 수학의 (함수) 영역에서 유명한 수학자는 누가 있어?
ex) 그러면 (함수)는 적분과 같은 수학의 다른 어떤 영역과 연관이 있는지 설명해 줘.
ex) 다른 영역과 연계를 하니까 수학의 새로운 개념이 생긴 것 같아. 연관 분야에 대해 주요 개념을 설명하고 비교해 줘.

새로운 것 배우기 6단계: 연결하기

이 단계도 심층 학습이다. 배우고 있는 개념을 같은 과목의 다른 개념과 사실에 연결한다. 혹은 다른 과목의 특정 개념과 사실과 연결해 보면서 지식의 경계를 확장하는 효과를 얻는다.

챗GPT 기본 프롬프트

ex) (함수)의 이해를 더 확장하고 싶어. (함수)를 수학의 다른 개념이나 사실과 연결할 수 있을까? 그러면, (함수)를 수학적 지식 체계 전체에서 '어떤 위치'에 있는지에 대한 맥락을 이해할 수 있을 것 같아.

 멜리츠 Math Solver
함수와 다른 수학 개념을 연결해 보겠습니다.

대수(Algebra)
- 변수와 식: 대수에서 다루는 변수와 식은 함수의 기초를 이룹니다. 함수는 변수들 사이의 관계를 정의하고, 이러한 관계를 통해 변수의 변화를 추적합니다.
- 방정식과 부등식: 함수는 방정식을 해결하는 데 사용될 수 있습니다.

기하학(Geometry)
- 좌표 기하학: 함수는 흔히 그래프의 형태로 표현되며, 이는 좌표 평면 위에서 점들의 위치를 나타내는 데 사용됩니다. 예를 들어, 직선이나 곡선의 방정식을 함수로 표현합니다.

미적분학(Calculus)
- 극한과 연속성: 함수의 연속성과 극한 개념은 미적분학에서 중요한 역할을 합니다. 이는 함수가 어떻게 변하는지 이해하는 데 필수적입니다.

챗GPT 추가 프롬프트

ex) (함수)를 (음악)과 연결시킨다면, 어떻게 연결될 수 있을까?
ex) (함수)가 (미술)과 어떻게 연결되어 있는지 단계적으로 설명해 줘.

 멜리츠 Math Solver
음악에서의 패턴, 리듬, 멜로디는 함수를 사용하여 모델링하고 분석하는 데 적합합니다. 다음은 몇 가지 방법으로 음악과 함수를 연결할 수 있는 예입니다.

> **음높이와 시간의 관계**
> 음악의 멜로디는 시간에 따른 음높이의 변화를 볼 수 있습니다. 시간을 입력 변수로, 음높이를 출력 변수로 나타내는 함수로 모델링할 수 있습니다.
>
> **리듬 패턴**
> 음악의 리듬 또한 반복되는 패턴을 보입니다. 이러한 패턴은 함수로 설정하여 각 비트가 몇 초 뒤에 와야 하는지, 강약을 함수로 나타낼 수 있습니다. 각 리듬이 특정 간격을 두고 반복되는 패턴을 함수로 정의하여 리듬이 주기적으로 반복되는 시간을 파악하고 각 시간에 해당하는 박자 위치를 알려 줄 수 있습니다.

새로운 것 배우기 7단계: 확장하기

이 단계도 심층 학습이다. 추론(reasoning) 사고는 주어진 정보나 사실을 바탕으로 논리적 결론을 도출하거나 새로운 지식을 생성하는 정신적 과정이다. 이 과정에는 관찰된 정보를 분석하고, 패턴을 식별하며, 가능한 설명을 생성하고, 가장 타당한 결론에 도달하기 위해 논리를 적용하는 단계가 포함된다. 추론 사고는 연역적 추론과 귀납적 추론으로 나뉜다. 연역적 추론은 일반적인 원칙에서 출발하여 특정 사례에 대한 결론을 도출하는 과정이다. 이는 '만약 ~라면, 그러므로 ~이다'의 형태로 논리적 결론을 내린다. 귀납적 추론은 특정 사례나 관찰에서 출발하여 일반적인 원칙이나 규칙을 도출하는 과정이다. 관찰된 사실들로부터 보다 광범위한 결론을 이끌어 낸다. 추론 사고는 실험 결과나 관찰된 데이터를 분석하여 새로운 이론이나 법칙을 도출하거나, 법률 문제에 대한 판례, 법규 등을 바탕으로 논리적인 해석과 판단을 내릴 때 많이 사용한다.

추론 사고의 실행 방법

1. 문제 정의: 해결하고자 하는 문제나 이해하려는 주제의 범위를 명확히 한다.
2. 정보 수집: 문제 해결이나 주제 이해에 필요한 정보, 데이터, 사실들을 수집한다.
3. 가설 설정: 수집된 정보를 바탕으로 가능한 설명이나 해결책을 가설 형태로 제안한다.
4. 논리적 추론 적용: 연역적 또는 귀납적 추론을 사용하여 가설을 검증하고, 가장 타당한 결론에 도달한다.
5. 결론 도출 및 검증: 추론 과정을 통해 얻은 결론을 도출하고, 추가 검증을 통해 그 타당성을 확인한다.

챗GPT 기본 프롬프트

ex) (함수)를 활용한 '추론 사고'를 통해서 발명을 해 보려고 해. 어떤 시도를 할 수 있을까?
ex) (함수)를 완전하게 내 것으로 만들면, 내 '추론 사고 능력'에서 어떤 부분이 향상될 수 있을까? 실례를 들어서 설명해 줘. 설명은 (고등학생) 수준, (초등학교 4학년) 수준, 두 가지로 해 줘.

멜리츠 Math Solver

함수를 활용한 추론 사고를 통해 방법을 시도하는 것은 창의적인 과정입니다. 이 아이디어들은 실생활 문제를 해결하고, 새로운 도구나 기술을 개발하는 데 도움이 될 수 있습니다.

1. 스마트 홈 에너지 관리 시스템
- 발명 아이디어: 집안의 에너지 사용을 최적화하는 스마트 홈 시스템을 개발합니다.
- 함수 활용: 각 가전 제품의 에너지 소비량을 시간에 따라 모델링하는 함수를 개발합니다.

- 추론 사고: 이 함수 패턴을 분석하여 언제(어떤 시간대) 에너지 사용 시간을 줄이고, 자동으로 가전제품을 켜고 끌지 조절하는 스마트 시스템을 설계합니다.

2. 개인화된 건강 관리 앱
- 발명 아이디어: 사용자의 건강 데이터를 기반으로 맞춤 건강 조언을 제공하는 모바일 앱을 개발합니다.
- 함수 활용: 사용자의 심박수, 체중, 수면 습관, 운동 패턴 등을 입력하여 건강 상태를 예측하는 함수를 만듭니다.
- 추론 사고: 이 데이터를 기반으로 사용자의 건강 변화를 파악하고, 필요한 운동이나 식단 조정을 조언합니다.

챗GPT 추가 프롬프트

ex) 나는 세계적인 발명 대회에 참가하려고 해. 출품할 발명의 핵심 아이디어를 (함수)를 활용한 '추론 사고'를 통해 얻어 내려고 해. (지구 환경 보호)라는 주제에서 참신한 발명 아이디어를 (다섯)개 제시해 줘.
ex) (지능형 물 사용 최적화 시스템) 발명 아이디어가 마음에 들어. 이 아이디어를 구현하기 위한 구체적이고 단계적인 접근 방법, 함수 활용 포인트 등을 자세하게 알려 줘.

새로운 것 배우기 8단계: 통찰 이끌어 내기

이 단계는 최고 수준의 학습 단계이다. 배운 내용을 가지고 어떤 통찰력(insight)을 발휘할지를 생각해 보는 단계다. 통찰력은 눈에 보이는 현상 이면에 있는 참된 것(眞), 선(善), 아름다움(美)을 찾아내는 능력이다. 통찰력은 외부에서 정보를 제공받는 것이 아니라 내적인 사고 과정을 통해 발생한다. 그래서 갑자기 '아하' 또는

'유레카'와 같은 순간 경험으로 나타나는 것처럼 보인다. 하지만, 통찰력은 특정 문제나 상황에 대한 깊은 이해, 문제에 대해 다양한 각도에서 고민해 보는 반성적 사고, 기존의 정보를 새롭고 다른 방식으로 재구성하는 과정 등에서 발생한다. 이런 사고 활동들은 문제에 대한 새로운 해석을 가능하게 하여, 이전에 보이지 않던 해결책을 명확하게 볼 수 있게 한다. 통찰력이 길러지기 위해서는 여러 분야의 지식을 습득하고 다양한 활동에 참여하면서 사고의 폭을 넓히는 것이 필요하다.

통찰력은 복잡한 문제를 해결하거나 창의적인 아이디어를 생각해 내는 데 중요한 역할을 하며, 표준적이지 않거나 예상치 못한 방식으로 문제를 해결한다. 수학적 통찰력 역시 단순히 공식을 적용하고 문제를 기계적으로 푸는 것을 넘어서, 문제의 본질을 깊이 파악하고 창의적인 해법을 찾아내는 능력을 포함한다.

챗GPT 기본 프롬프트

ex) 지금부터는 (함수)에 대한 최고 수준의 학습을 해 보자. (함수)를 배우면, 어떤 통찰력을 발휘할 수 있을지 알고 싶어. 세상이 작동하는 이치들 중에서 (함수)에 대한 지식으로 분별할 수 있는 것이 있을까?

ex) 변하는 것과 변하지 않는 것, 중요한 것과 중요하지 않는 것을 꿰뚫어 보는 데에도 (함수)에 대한 지식이 적용되는 게 있어? 진선미 같은 추상적인 개념에도 도움이 될까?

멜리츠 Math Solver

함수에 대한 지식은 수학뿐만 아니라 일상생활, 과학, 경제, 기술 등 다양한 분야에서 깊은 통찰력을 제공합니다.

- 자연 현상의 이해: 자연과학에서는 많은 현상이 함수 관계로 설명됩니다. 예를 들어, 물리학에서 속도와 가속도, 화학에서 반응 속도, 생물학에서 인구 성장 등은 모두 입력과 출력의 관계로 모델링할 수 있습니다.

- 경제와 금융에서의 의사 결정: 경제학과 금융에서 함수는 수요와 공급, 투자 수익률, 환율 변동 등을 모델링하는 데 사용됩니다. 예를 들어 가격 결정 모델은 제품의 가격과 수요 사이의 함수적 관계를 분석하여 최적의 가격을 결정하는 데 도움을 줍니다.
- 기술과 엔지니어링의 최적화: 엔지니어링에서는 재료의 힘과 변형률 간의 관계를 설명하는 함수를 사용하여 더 강하고 효율적인 구조물을 설계할 수 있습니다.
- 데이터 과학과 인공지능: 데이터 패턴을 분석하고 미래를 예측하는 데 사용됩니다. 예를 들어, 기계 학습은 데이터로부터 함수를 학습해 새로운 입력 데이터에 대한 출력을 예측할 수 있습니다. 이는 의학 진단, 주식 시장 분석, 소비자 행동 예측 등에 활용됩니다.

> **챗GPT 추가 프롬프트**
>
> ex) (함수)를 활용하여 (경제와 금융에서의 의사 결정) 영역에서 통찰력을 얻을 수 있다고 했잖아. 그 부분에 대해 실제적인 예를 들어서 자세하게 설명해 줘.
> ex) (함수)를 배우면, 미래 예측 능력도 향상될 것 같아. (함수) 학습과 미래 예측이 어떻게 연결될 수 있는지를 구체적으로 설명해 줘. 실례를 들어서 설명해 줘. 설명은 (고등학생) 수준, (초등학교 4학년) 수준, 두 가지로 해 줘.
> ex) (함수)를 응용해서 (예측 모델을 만드는 것)에 대해 실제적인 예를 들어서 '기술적이고 전문적인 설명'을 자세하게 해 줘. 내가 직접 만들어 보고 싶어서 그래.

새로운 것 배우기 9단계: 전이 및 적용하기

이 단계도 최고 수준의 학습 단계이다. 전이(transfer)란 학습된 지식, 기술, 전략, 또는 경험이 한 상황에서 다른 새로운 상황에 적용되는 것을 의미한다. 전이는 학습된 내용을 그 범위를 넘어 다른 문제를 해결하거나 새로운 상황에서 활용할 수 있는 능력과 관련이 있다. 교육, 심리학, 인지과학 분야 등에서 중요하게 연구되는 주제로, 효과적인 학습과 실제 세계에서의 지식 활용 능력을 평가하는 기준 중 하나다. 전이는 두 가지 유형이 있다.

첫째, 근접 전이(near transfer)이다. 학습된 내용이 비슷하거나 관련된 상황에 적용되는 경우다. 예를 들어, 학교에서 배운 수학 문제 해결 기술을 유사한 다른 수학 문제에 적용하는 경우가 여기에 해당한다. 둘째, 원거리 전이(far transfer)이다. 학습된 내용이 전혀 다른 맥락이나 상황에 적용되는 경우다. 예를 들어, 수학에서 배운 논리적 사고를 법률 문제를 해결하는 데 적용하는 것과 같이, 더 넓은 범위에서의 적용을 말한다.

학습에 있어서 전이 능력은 문제 해결 능력과 효율성을 높이고 평생 학습을 가능하게 하는 주요 능력이다. 이는 다양한 맥락에서의 학습과 원리 중심 학습, 반복적 연습과 응용이라는 방법으로 길러질 수 있다.

챗GPT 기본 프롬프트

ex) (함수)의 개념, 이치, 원리를 다른 영역으로 '전이 학습'을 하고 싶어. 어떻게 하면 될까? 예를 들어서 조언해 줘.

 멜리츠 Math Solver

함수의 개념, 이치, 원리를 다른 학문 영역으로 전이 학습하는 것은 다양한 문제를 효과적으로 해결할 수 있는 방법을 제공합니다. 다음은 예시를 통해 어떻게 전이 학습을 할 수 있는지 도와드립니다.

1. 기본 원리 이해: 함수의 이해, 전이 대상 선택
2. 관련성 찾기: 문제 정의, 함수 적용
3. 모델 개발: 모델 구축, 데이터 수집 및 분석
4. 평가 및 조정: 결과 평가, 모델 조정

5. 실제 적용: 적용 및 피드백, 지속적인 개선

예시: 공학에서의 소음 제어
- 문제: 도로 공사의 근처에서 소음 수준을 최소화하고자 합니다.
- 함수 적용: 소음 수준을 도로로부터 거리와 함수로 표현합니다. 이 함수는 거리에 따라 소음이 어떻게 감소하는지를 설명합니다.
- 모델 개발: 거리와 소음 수준을 측정하고, 이 데이터를 기반으로 소음을 감소하는 함수형 모델을 생성합니다.
- 적용: 함수를 사용하여 도로로부터 특정 거리에 소음이 발생하지 않도록 건물을 배치할 수 있습니다.

챗GPT 추가 프롬프트

ex) (함수)에 대한 이해를 다른 분야로 전이하는 과정이 재밌어. (초등학교 4학년) 학생에게도 설명해 주고 싶은데 아이들에게 알맞은 사례, 비유 등을 들어서 한 번 더 반복해서 설명해 줘.

ex) (함수)에서 얻은 통찰력을 인생의 지혜, 사람 사는 세상에서 인간다운 지혜를 넓히는 것 등에도 적용해서 설명해 줄 수 있어?

ex) 이제 마지막으로 한 가지만 더 물어볼게. (함수)를 배우고 익히면, 삶의 지혜도 높아질 수 있을까?

새로운 것 배우기 10단계: 평가하기

이 단계는 학습의 완성도를 평가하는 단계다. 학습의 완성도를 평가하는 방법은 세 가지다. 첫째, 전통적인 시험(Test) 문제 풀이 방식이다. 둘째는 글쓰기이다. 내가 배운 것을 가지고 연구 보고서를 작성해 보거나, 배운 내용을 차근차근 정리하는 글을 써 보면 내가 알고 있는 것과 모르는 것을 정확하게 구별할 수 있다. 셋째는 다른 사람을 가르쳐 보는 것이다. 이 역시 내가 알고 있는 것과 모르는 것을 정확하게 파악할 수 있는 좋은 방법이다.

챗GPT 기본 프롬프트

1) 지금까지 다양하게 (함수)에 대해서 공부했어. 고마워.
   마지막으로 내가 지금까지 배운 것들을 완전히 이해했는지를 알고 싶어. 내 이해를 평가할 문제를 만들어 줄 수 있어? 이 영역을 정확히 이해했는지 알아볼 수 있게 객관식과 주관식을 섞어서 다섯 문항을 출제해 줘.

멜리츠 Math Solver

정말 열심히 공부하셨네요! 함수에 대한 이해를 평가하기 위해 다양한 유형의 문제를 준비했습니다. 객관식과 주관식 문제를 섞어서 출제하였으며, 이를 통해 지금까지 학습한 내용을 잘 이해하고 있는지 확인해 보시기 바랍니다.

문제 1: 객관식. 함수의 정의에 가장 부합하는 것은?
   A. 여러 개의 입력에 대해 여러 개의 출력을 가질 수 있는 관계
   B. 하나의 입력에 대해 하나의 출력을 가지는 관계
   C. 입력 없이 출력만을 가지는 관계
   D. 출력 없이 입력만을 가지는 관계

문제 2: 주관식. 함수 $f(x)=2(x)+3f(x)=2x+3$에 대해, 입력값 $x=5$일 때 출력값은 무엇인가?

문제 3: 객관식. 다음 중 함수를 일상생활에 적용하는 예시가 아닌 것은?
   A. 주유소에서 리터당 가격에 따라 주유하는 연료의 양을 계산하기
   B. 운동장에서 달리는 동안 속도를 측정하기
   C. 무작위로 던진 주사위의 결과 예측하기
   D. 시간에 따른 컴퓨터 배터리 수명 예측하기

문제 4: 주관식. 어떻게 함수를 사용하여 경제학에서 가격 결정 문제를 해결할 수 있는가?

문제 5: 주관식. 함수와 이차방정식의 관계를 설명해 보라.

챗GPT 추가 프롬프트

ex) (문제1)에 대한 주요 개념과 학생들이 자주 걸리는 오류리스트들, 그리고 그 이유를 알려 줘, 물론 답도 알려 주고 이유도 적어 줘.
ex) 틀린 문항을 내가 잘 이해했는지 알아볼 수 있게 비슷한 문제를 다시 출제해 줘.
ex) 지금까지 나와 대화를 주고받은 전과정을 리뷰해 보고, 수학 전문 교사로서 내 학습에 대한 SWOT 분석을 해 줄 수 있어? 그리고 이후에 더 높은 실력이 되기 위해 어떻게 해야 하는지도 코칭해 줘.
ex) (함수)에 관련된 심화학습을 위해서는 어떤 영역을 학습해야 할까?
ex) 마지막으로 (이차함수)를 그래프로 그려 줄 수 있어? (함수)를 시각적으로 보면 이해가 더 잘 될 수 있을 것 같아.
ex) 문제를 보니까 문제를 푸는 공식이 있는 것 같아. (함수) 문제를 풀 때 어떻게 접근하고 공식은 어떻게 세우는지 알려 줘.

멜리츠 학습법으로 고난도의 수학 문제 학습하기

 나

'가형' 수학에서는 함수를 보다 복잡하고 깊이 있는 수준에서 다뤄. 미적분학을 포함해 고급 수학 개념을 적용하고, 함수의 극한, 도함수, 적분, 최대/최소 문제 등을 해결하는 데 집중해. 또한, 여러 가지 복잡한 함수의 조합과 그에 따른 그래프의 변화를 분석하는 게 중요하지. 여기에 해당하는 문제를 하나 만들어 줘.

멜리츠 Math Solver

아래는 '가형' 수학 시험에서 다룰 수 있는 미적분 문제를 하나 제시합니다.

함수 $f(x)=x^3-3x^2-9x+35$에 대해서 다음 문제들을 해결하세요.
1. $f(x)$의 극값을 구하세요.
2. $f(x)$가 증가하고 감소하는 구간을 결정하세요.
3. $f(x)=-10$에서의 접선의 방정식을 구하세요.
4. $f(x)$의 그래프를 그려서 특징을 분석하세요.

위 문제들은 함수의 도함수와 조합을 사용하여 극값, 함수의 증가 및 감소 구간, 접선의 방정식 및 특정 구간에서의 넓이를 구하는 방법을 요구합니다. 문제를 풀어 보겠습니다.

1. 극값 찾기: $f'(x)=3x^2-6x-9$를 미분한 결과, 극점은 $x=-1$과 $x=3$에서 발생합니다. 이를 이용하여 극값을 확인하면 $x=-1$과 $x=3$을 함수 $f(x)$에 대입하여 극값을 확인할 수 있습니다. 또한, 두 번째 도함수 $f''(x)=6x-6$을 확인하여 이들 점에서의 최소값과 최대값을 확인할 수 있습니다. $x=-1$에서 $f''(x)=0$이므로 변곡점이며, $x=3$에서 $f''(x)>0$이므로 극소값입니다.

2. 증가 및 감소 구간 결정: $f'(x)=0$의 해는 $x=-1$과 $x=3$입니다. $f'(x)$의 부호를 이용해 증가와 감소 구간을 결정할 수 있습니다. $x<-1$에서 $f'(x)<0$, $-1<x<3$ 에서, $f'(x)>0$, $x>3$에서 $f'(x)<0$이므로 함수는 $x<-1$과 $x>3$에서 감소하고, $-1<x<3$에서 증가합니다.

~~~~~~

위 문제를 푸는 과정에서 자주 실수할 수 있는 오류 리스트와 이유를 알아보자.

멜리츠 Math Solver

미적분 문제, 특히 대학수학능력시험 '가형' 수학과 같은 고난도 시험에서 학생들이 자주 겪는 오류들과 그 이유는 다음과 같습니다.

1. 극값 오류
   - 이유: 학생들이 극값을 찾기 위해 일차 도함수를 설정하고 최종 극값을 구하는 과정에서

계산 실수를 할 수 있습니다. 또한, 두 번째 도함수를 사용하여 극소값과 극대값을 확인하는 단계별 접근법에서 혼란을 겪는 경우가 많습니다.
- 예: 잘못된 근을 구하거나, 극 값을 구한 과정이 생략되거나, 최대값, 최소값, 변곡점을 확인하지 않는 경우.

2. 증가와 감소 구간 오류
- 이유: 주어진 함수의 부호를 잘못 해석하거나 증가/감소하는 구간을 결정하는 것은 세밀한 분석을 요구하기 때문에 부호 변화를 놓치는 경우가 발생할 수 있습니다.
- 예: $f'(x)$의 부호를 잘못 파악한 뒤 잘못된 구간을 사용하거나, 부호가 바뀌는 지점을 찾지 못한 경우.

3. 접선의 방정식 오류
- 이유: 접선의 방정식을 구하기 위해서는 접점에서의 함수 값과 그 점에서의 도함수 값이 필요합니다. 이 두 값을 정확히 계산하는 데 실수가 발생하기 쉽습니다.
- 예: 접점에서의 함수의 값을 잘못 계산하거나, 도함수의 기울기를 잘못 계산하여 최종 접선의 방정식에 오류가 발생하는 경우.

4. 적분 계산 오류
- 이유: 정적분을 계산할 때 피적분 함수의 식을 잘못 설정하거나, 적분 계산 과정에서의 수학적 오류가 자주 발생합니다.
- 예: 적분 구간을 잘못 설정하거나, 적분 과정에서 계산을 잘못하는 경우.

다음은 위에서 설명한 오류 리스트와 내용들을 피하기 위해 주의해야 할 점을 앞에서 다룬 '가형' 수학 시험의 미적분 문제를 가지고 적용해 보자.

 멜리츠 Math Solver

오류와 주의점
1. 극값 찾기
- 오류: 일차 도함수를 미분하고 해를 구할 때 계산 실수.

- 주의점: 도함수를 정확하게 미분해야 하며, 근을 구할 때에는 두 번째 도함수 $f''(x)$로 근의 성질을 확인해야 합니다. 근의 성질과 두 번째 도함수를 통해 확인하여 최소, 최대, 변곡점 여부를 파악합니다.

2. 증가 및 감소 구간 결정
- 오류: 도함수 부호를 잘못 해석하여 증가, 감소 구간을 잘못 결정.
- 주의점: 구간별로 $f'(x)$의 부호가 바뀌는 점을 찾기 위해 구간을 나누어야 합니다. 증가, 감소 구간의 판단을 위해 각 구간에서 $f'(x)$의 부호를 검토하고, 이를 바탕으로 증가 또는 감소를 결정합니다.

3. 접선 방정식 구하기
- 오류: 접선의 기울기 값이나 기울기를 잘못 계산.
- 주의점: 접점에서의 함수값 $f(-1)$과 기울기 $f'(-1)$를 정확히 계산하여 접선의 방정식을 세웁니다. 잘못된 계산을 피하기 위해 계산 검토 과정을 반드시 거칩니다.

4. 적분 계산
- 오류: 적분 과정에서의 계산 실수.
- 주의점: 적분 계산 시, 적분할 함수와 구간을 정확하게 설정하고, 적분 공식을 정확히 적용해야 합니다. 적분 결과를 항상 검토하여 계산 오류가 없는지 확인해야 합니다.

구체적 조언
1. 계산기 사용: 가능한 경우 특히 극점의 좌표나 적분 결과와 같이 복잡한 수치를 다룰 때 유용합니다.
2. 단계별 점검: 각 단계의 결과를 한 번 더 점검하여 오류를 줄입니다.
3. 연습: 유사한 문제를 여러 번 풀어 보며 각 유형에 익숙해지는 연습을 합니다.

[부록]

칸 아카데미(Khan Academy)도 사용하는
챗GPT 가정교사

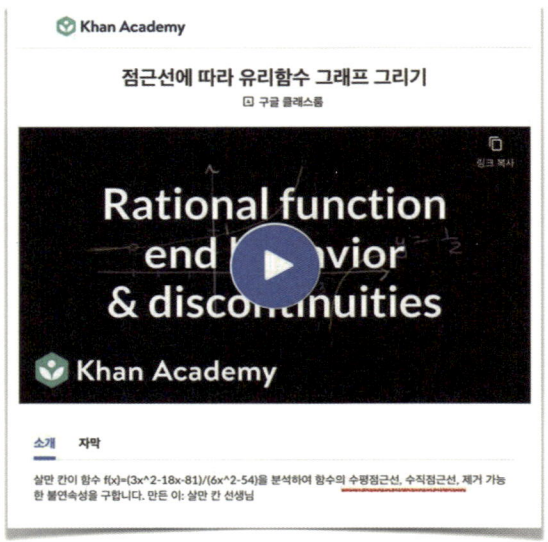

칸 아카데미는 살만 칸(Salman Khan)이 2006년에 설립한 비영리 교육 사이트[2]로 전 세계 누구에게나 무료로 고품질의 교육을 제공하는 것을 목표로 한다. 특히, 초·중·고등학교 학생을 위한 수학, 과학, 컴퓨터 프로그래밍, 역사, 예술 등 다양한 교육 커리큘럼을 4,000여 개 이상의 동영상 강의와 연습 문제를 통해 제공한다.
수학과 컴퓨터 프로그래밍 등 일부 과목은 한국어 버전으로도 지원되며 학습자들은 칸 아카데미 사이트에 접속해 자신의 수준과 속도에 맞춰 학습하면 된다.
칸 아카데미는 빌앤멜린다게이츠재단, 구글 등 여러 기관과 개인의 기부로 운영되며, 광고 없이 모든 콘텐츠를 무료로 제공하고 있다.
사이트의 설립자인 살만 칸과 아들이 '점근선에 따라 유리함수 그래프 그리기'를 챗GPT로 학습한 내용을 살펴보자.

---

[2] https://ko.khanacademy.org/

나: 수평점근선, 수직점근선에 대해서 설명해 줘.

 멜리츠 Math Solver
수평점근선과 수직점근선은 함수의 그래프가 특정한 방향으로 무한히 접근하지만 실제로는 도달하지 않는 선을 말합니다. 이 점근선들은 함수가 어떻게 행동하는지 이해하는 데 매우 중요하며, 특히 분수 함수에서 자주 나타납니다.

수평점근선 (Horizontal Asymptote)
수평점근선은 함수의 그래프가 x 방향으로 무한히 멀어질 때, y 값이 특정한 상수값에 접근하는 경우에 형성됩니다. 이는 함수가 x 방향의 무한대로 갈 때나 음의 무한대로 갈 때 일정한 값으로 수렴함을 의미합니다.

- 계산 방법:
    - 다항 함수: 최고차항의 계수와 차수만 고려하여 비율을 살펴봅니다.
    - 유리 함수 ($\frac{P(x)}{Q(x)}$ 형태): $P(x)$와 $Q(x)$의 차수에 따라 달라집니다.
        - $\deg(P) < \deg(Q)$: $y=0$의 수평점근선이 존재합니다.
        - $\deg(P) = \deg(Q)$: $y = \frac{\text{Leading Coefficient of } P}{\text{Leading Coefficient of } Q}$ 의 수평점근선이 존재합니다.
        - $\deg(P) > \deg(Q)$: 수평점근선이 존재하지 않습니다.

수직점근선 (Vertical Asymptote)
수직점근선은 함수가 x 값이 특정 지점에서 무한대로 발산하는 경우에 형성됩니다. 이는 주로 함수의 정의역에서 제외되는 특정한 값에서 발생합니다. 주로 분수 함수에서 분모가 0이 되는 지점에서 나타납니다.

- 계산 방법: 분수 함수 $\frac{P(x)}{Q(x)}$ 에서 $Q(x)=0$ 이 되는 값을 찾습니다. 이 x 값이 함수의 정의역에 포함되지 않으면, 그 지점에서 수직점근선이 존재합니다.

예시
함수 $f(x) = \frac{2x^2+3x+1}{x^2-4}$ 을 고려해 봅시다.

- 차수가 같은 경우이므로 최고차항의 계수 비율에 따라 수평점근선은 $y=\frac{2}{1}=2$ 입니다.
- 분모가 0이 되는 $x=\pm2$에서 수직점근선이 형성됩니다.

수평점근선과 수직점근선은 함수의 전체적인 그래프 형태를 이해하는 데 도움을 주며, 특히 그래프를 그릴 때 중요한 참조선을 제공합니다.

[부록]

각 과목별로 챗봇을 사용하는 이유

우리는 챗GPT의 베이스 모델을 사용하기 보다는 '내 GPT 만들기(builder)' 기능을 사용하여 각 과목별로 전문 챗봇을 만들어 사용하는 것이 학습에 훨씬 더 효과적이라고 조언했다. 그 이유에 대해서 살펴보자. 참고로, 아래는 '내 GPT 만들기' 기능 안내이다.

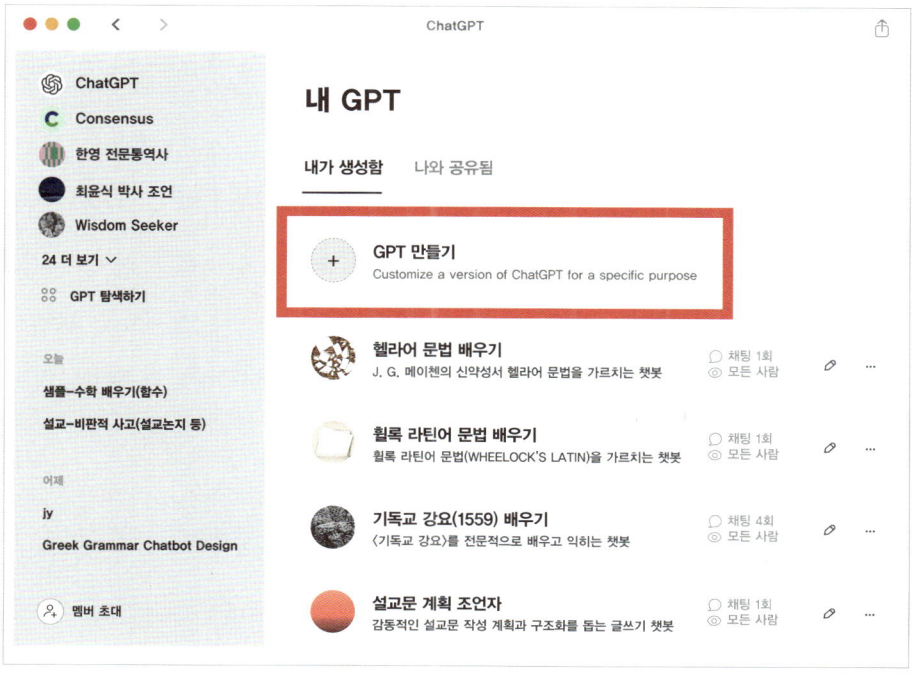

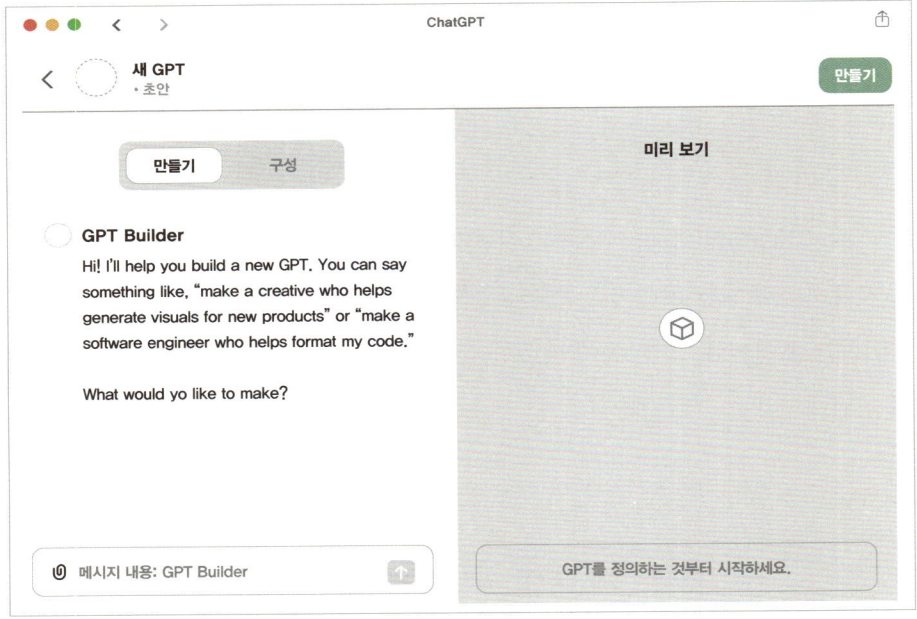

‘내 GPT 만들기’ 기능은 챗GPT를 사용할 때, 챗GPT 의 출력을 특정 방향으로 유도하는 기술이다. 이 기능을 통해 개인화된 GPT 모델을 만들면 베이스 모델보다 성능이 개선이 되는데, 그 이유는 다음의 네 가지 작업이 진행되기 때문이다.

1. 맞춤형 학습
2. 파인튜닝(fine-tuning)
3. 사용자 데이터의 통합
4. 인터랙티브 학습(interactive learning)

챗GPT와 같은 대규모 언어 모델은 일반적으로 다양한 소스에서 수집한 대규모 데이터셋을 사용해서 사전 학습된다. 이는 모델이 광범위한 언어 이해와 생성 능력을 갖추게 하는데, 내 GPT 만들기 기능을 사용하면 맞춤형 학습을 발생시킬 수 있다. 맞춤형 학습이란 사용자의 입력과 상호작용을 통해 특정 사용자의 선호, 스타일, 요구에 맞춰 인공지능 모델이 점차 조정되는 방식으로 작동하는 것이다.

'내 GPT 만들기' 기능을 사용하면, 파인튜닝 효과도 일어난다. 파인튜닝은 챗GPT에게 특정 도메인의 데이터를 추가로 학습하게 하여, 챗GPT가 해당 분야의 언어 패턴, 용어, 스타일 등을 더 잘 이해하고 반영할 수 있게 조정하는 작업이다. 이는 주로 챗GPT의 특정 파라미터를 사용자 데이터에 더 적합하게 조정하는 과정이 포함된다. 파인튜닝된 챗GPT는 사용자의 특성을 더 잘 반영하여 보다 개인화된, 정확한 응답을 생성할 수 있다.

'내 GPT 만들기' 기능을 사용하면, 사용자 데이터의 통합도 가능하다. 사용자가 자신의 데이터를 모델에 통합하면, 챗GPT는 이 데이터를 통해 특정 사용자 또는 조직의 언어 사용 스타일, 전문 용어, 선호하는 응답 형태 등을 학습할 수 있다.

물론, 위의 작업을 모두 우리가 하는 것은 아니다. 우리는 원하는 역할, 목표, 작동 방식, 톤이나 스타일 등을 알려 주는 것만 하면 된다. 우리가 이런 내용들을 입력하는 동안, 챗GPT 서버에서는 1. 맞춤형 학습, 2. 파인튜닝, 3. 사용자 데이터의 통합, 4. 인터랙티브 학습 효과를 내기 위해 스스로 손실 함수를 사용하여 더 낮은 손실 값(loss function)을 내게 하고 더 적합한 가중치 조정을 통해 알고리즘을 최적화 시키며, 커스텀 데이터와의 상호작용 방식을 조정한다.

이런 기능적 개선이 일어나는 '내 GPT 만들기' 기능으로 만들어진 챗봇은 표준 모델, 혹은 베이스 모델이라고 불리는 챗GPT 기본 프롬프트 창을 사용하는 것에 비해서 아래와 같은 성능 개선 경험을 할 수 있다.

1. 맞춤형 대화 경험
   - 대화의 질적 수준 향상: 똑같은 질문에 대해 더 나은 성능과 더 만족스러운 답변을 얻을 수 있다.
   - 특정 사용 사례 최적화: 특화된 영역에서 더 정확하고 관련성 높은 답변을 제공받는다.
   - 사용자 맞춤 설정: 모델의 반응 방식, 성향, 그리고 언어 스타일을 조정할 수 있어서 대화의 자연스러움과 개인화 수준을 높일 수 있다.
   - 독창적인 대화 스타일: 사용자는 자신만의 독특한 대화 스타일을 만들어 낼 수 있으며, 이는 브랜드 아이덴티티를 강화하고 사용자 경험을 차별화하는 데 도움이 될 수 있다.

2. 정확도와 관련성 개선
   - 맞춤형 학습 데이터: 모델이 해당 도메인이나 주제에 대한 더 깊은 이해를 갖게 하고, 더 정확하고 관련성 높은 정보를 제공할 수 있게 한다.
   - 연속적인 학습과 개선: 사용자의 피드백을 바탕으로 모델을 지속적으로 학습시키고 개선할 수 있다. 이는 시간이 지남에 따라 모델의 정확도와 유용성을 높이는 데 기여한다.

3. 효율성과 사용자 경험
    - 빠른 반응 시간: 모델이 특정 요구 사항에 맞춰 최적화되어 있기 때문에 처리 시간이 단축되고 빠른 반응 속도를 제공한다.
    - 피드백 기반 개선: 모든 사용자를 대상으로 하는 일반적인 학습 데이터와 다르게 특정 사용자 그룹의 피드백을 적극 반영하므로 더 세밀한 조정이 가능하다. 사용자 피드백에 따라 지속적으로 개선되기 때문에 시간이 지날수록 사용자 경험이 더욱 최적화된다.
    - 효율적인 워크플로우 지원: 자주 쓰이는 워크플로우와 기능에 대한 지원이 강화되어, 반복적으로 사용되는 프로세스를 자동화할 수 있다. 이는 특정 도구 또는 데이터베이스와 통합해 작업 효율을 극대화한다.

멜리츠 English Solver
멜리츠 수능 영어 문제 마법사 바로가기

[05]

영어 학습하기
"to 부정사가 뭐야?"

인공지능 시대, 영어는 어떻게 될까?

글로벌 커뮤니케이션의 중요성이 점점 더 커지고 있는 현대 사회에서 언어 능력은 개인의 경력 발전뿐만 아니라 문화 간의 이해를 높이는 데에도 중요한 기여를 한다. 이러한 배경 속에서, 현대인은 자신의 언어 능력을 개발하기 위해 다양한 방법을 찾고 실력을 향상시키려 한다.

오늘날에는 인공지능의 발전으로 언어 학습에 대한 열망을 과거보다 손쉽게 모두가 성취할 수 있게 되었다. 멜리츠 학습법을 처음 시도할 때에는 알고 싶은 것이 무엇이고, 모르는 게 무엇인지를 모를 수 있다. 하지만 쉽게 생각해 보자. 가정에 컴퓨터가 있다. 그리고 무수히 많은 자료가 외장 하드에 저장되어 있다. 우리는 무슨 자료가 있는지 다 알지 못하지만, 자료를 살피다 보면 원하는 것을 찾을 수 있다. 그리고 자료를 찾는 시간을 통해 사고가 확장되고 더욱 유용한 자료를 얻게 된다. 멜리츠 학습법도 마찬가지다.

영어는 국제적으로 널리 사용되는 언어로, 많은 학교와 기업에서 요구하는 조건이다. '멜리츠 English Solver' 챗봇을 통해 어떻게 영어를 학습하는지 알아보자.

멜리츠 학습법으로 'to 부정사 학습하기'

인공지능과 함께하는 영어 학습을 위한 학습 챗봇으로 멜리츠 English Solver를 이용할 수 있다. 멜리츠 English Solver 역시 멜리츠 Math Solver와 같이 GPTs에서 검색할 수 있다. 멜리츠 교육은 모든 과목을 공부할 때 10단계의 앎의 순서를 따라 학습하도록 예를 제공한다.

새로운 것 배우기 사전 단계: 역할 부여

챗GPT 기본 프롬프트

ex) 너는 지금부터 최고의 영어 문법 선생님 역할을 하는 거야.

멜리츠 English Solver
알겠습니다! 영어 문법을 배우고 싶은 부분이 있으시면 언제든지 질문해 주세요.
문장 구조, 시제, 조동사, 전치사 등 영어 문법 전반에 대해 도움을 드릴 준비가 되어 있습니다. 시작해 볼까요?

새로운 것 배우기 1단계: 주입

> **챗GPT 기본 프롬프트**
>
> ex) 나는 지금부터 (to 부정사)를 배우고 싶어. 내 현재 수준은 (중학교 1학년)이야. (to 부정사) 학습을 시작해 보자.

 멜리츠 English Solver

좋습니다! 중학교 1학년 수준에 맞게, 기본적인 to 부정사의 개념과 용법을 차근차근 설명해 드릴게요.

1. to 부정사란 무엇인가요?
    to 부정사는 "to + 동사원형" 형태로, 문장에서 여러 역할을 할 수 있는 문법 요소입니다. 주로 동사 뒤에서 사용되어 목적, 계획, 또는 미래의 행동을 나타낼 때 사용됩니다.

2. to 부정사의 주요 용법
  1. 목적을 나타낼 때 사용
    • to 부정사는 "무엇을 하기 위해"라는 의미로 목적을 나타낼 때 사용됩니다.
    • 예시: He went to the library to read books. (그는 책을 읽기 위해 도서관에 갔다.)
  2. 감정이나 생각을 설명할 때 사용
    • to 부정사가 어떤 감정이나 생각의 이유를 나타낼 때도 많이 쓰입니다.
    • 예시: She was surprised to hear the news. (그녀는 그 소식을 듣고 놀랐다.)
  3. 형용사 뒤에서 사용
    • 형용사 뒤에 to 부정사를 붙여 설명을 추가할 수 있습니다.
    • 예시:· It's important to practice every day. (매일 연습하는 것은 중요하다.)

~~~~~~

4. 간단한 연습 문제
    아래의 문장에서 to 부정사를 사용해 목적을 표현해 보세요.
  1. I went to the market (사기 위해 / some fruit).
    정답: I went to the market to buy some fruit.
  2. She saved money (사기 위해 / a new phone).
    정답: She saved money to buy a new phone.

> **챗GPT 추가 프롬프트**
>
> ex) 나는 지금부터 (to 부정사)를 배우고 싶어. 어떤 순서로 배우는 것이 좋을지 계획을 알려 줘.
> ex) (to 부정사)라는 단어가 무슨 뜻인지 모르겠어. (초등학교 3학년)이 처음 듣는 수준으로 쉽게 설명해 줘.

새로운 것 배우기 2단계: 개념 이해

> **챗GPT 기본 프롬프트**
>
> ex) 내 수준이 '기본적인 개념 이해도 부족한 초보자'라는 걸 꼭 기억해야 돼. 기초부터 차근차근 배우고 싶어. 나는 뭐부터 배워야 할지도 몰라. 널 영어 전문가라고 생각하고, 완전 초보자 학생이 (to 부정사)를 이해하려면 가장 먼저 배워야 할 '개념'이 무엇인지 생각해 봐. 그리고 그것부터 시작해 줘. 설명과 예시는 (초등학교 4학년) 수준으로 부탁해.
> ex) (to 부정사)의 개념에 대해서 쉽게 설명해 줘. (중학교 1학년) 수준으로 해 줘.

 멜리츠 English Solver
알겠습니다! 정말 기초부터 차근차근 시작해 보겠습니다. 아주 쉬운 개념부터 다뤄 볼게요.

Step 1. 동사와 to 부정사의 기초 이해
우선 동사와 to 부정사가 무엇인지부터 시작해 볼게요.

1. 동사란?
   동사는 '어떤 행동'이나 '상태'를 나타내는 단어예요.
   예를 들어 run(달리다), eat(먹다), sleep(자다) 같은 단어들이 있어요.
   이 동사들은 우리가 하는 행동을 설명해 줍니다.

2. to 부정사란?
to 부정사는 'to + 동사원형'으로 이루어진 형태예요. 여기서 동사원형은 변하지 않은 기본 형태의 동사를 말해요. (예: to go, to eat, to play) to 부정사는 "~하기 위해" 혹은 "~할"이라는 의미로 문장에서 목적을 나타내는 데 자주 쓰입니다.

3. to 부정사의 기능
a. 목적을 나타내는 용법: 왜 무엇인가를 하려고 하는지를 설명할 때 사용됩니다.
b. 가능을 나타내는 용법: 어떤 행동을 할 수 있음을 나타낼 때 사용됩니다.

Step 2. 연습 문제
to 부정사를 사용해 목적을 나타내는 연습을 해 볼 거예요. 짧은 문장을 완성해 보세요.

1. I study English (영어를 배우기 위해).
   정답: I study English to learn English.
2. She goes to the park (놀이하기 위해).
   정답: She goes to the park to play.

~~~~~~

요약
to 부정사는 'to + 동사원형' 형태이며, "~하기 위해"라는 목적을 나타낼 때 사용해요. 이해하기 어려운 부분이 있거나 더 많은 예시가 필요하면 언제든 알려 주세요!

챗GPT 추가 프롬프트

ex) 학생들이 (to 부정사) 개념을 학습하는 과정에서 자주 걸리는 오류 리스트와 그 이유를 설명해 줘.
ex) 영어로 200자 글을 작성하고 그 안에서 (to 부정사)의 개념을 학습할 수 있는 문제를 만들어 줘. 수준은 (중학교 2학년)이야.
ex) 지문 안에서 (to 부정사)의 개념을 확인할 수 있는 문제를 만들어 줘.
ex) (to 부정사) 개념을 한 문장으로 정리해 줘.

새로운 것 배우기 3단계: 이치 이해

챗GPT 기본 프롬프트

ex) (to 부정사)의 개념을 완전히 이해했어. 이제 (to 부정사)의 '이치'가 궁금해. (to 부정사)는 왜 만들어졌어? 영어 학자들은 왜 (to 부정사)를 만들어 사용하는 것이 편리하다고 생각했어? (to 부정사)의 이치를 알면 내가 살아 가는 일상에서 어떤 점이 좋아?

멜리츠 English Solver
좋은 질문이에요! 언어의 구조를 이해하는 것은 단순히 암기하는 것보다 훨씬 큰 도움이 되니까요. to 부정사가 왜 생겼는지, 그리고 그것이 우리 일상에서 어떤 점에서 유용한지 알아봅시다.

1. 왜 to 부정사가 만들어졌을까?

영어에서 to 부정사는 특정 목적이나 방향성을 분명하게 표현하기 위해 생겨났어요. to + 동사원형이라는 형태가 있으면, "어떤 행동을 하기 위한 목적"이나 "방향"을 바로 알려 줄 수 있기 때문에 문장이 간단하고 명확해집니다.

예를 들어 "I go to school to learn." (나는 배우기 위해 학교에 간다.)

이 문장처럼, 목적을 한 번에 표현할 수 있는 점이 to 부정사의 가장 큰 장점이에요. 다른 언어는 주로 복잡한 문법 구조나 단어를 사용해 목적을 표현하지만, 영어에서는 to 부정사가 간단하게 그 역할을 해 줍니다.

2. 영어 학자들이 to 부정사를 만든 이유

영어는 언어를 간결하면서도 이해하기 쉽게 만드는 것을 중요하게 여겨 왔어요. 그래서 복잡한 문장 대신 to 부정사를 사용해서 의미를 더 명확하게 전달할 수 있게 했죠.

예를 들어, 영어에서 목적을 표현할 때 목적어(어떤 행동을 당하는 대상)를 중복하지 않도록 간단하게 만들고자 했어요. 원래 문장이 길어질 필요 없이, "to + 동사원형"만으로 "무엇을 위해"라는 목적을 바로 알려 주는 거죠. 이는 말을 하고 글을 쓸 때 짧고 간편하게 표현할 수 있는 장점이 있어요.

3. to 부정사가 일상에서 유용한 이유

일상에서 to 부정사는 다음과 같은 점에서 편리합니다.

- 의사소통의 편리성: 생각을 간단히 표현할 수 있어요. 긴 설명 없이 바로 이유나 목적을 말할 수 있기 때문에 대화가 더 빠르고 쉽게 이루어집니다.
- 예시: "I exercise to stay healthy." → 운동하는 목적이 건강을 유지하는 것이라는 뜻을 간단하게 전달할 수 있죠.

- 다양한 표현의 가능성: 일상 대화에서 to 부정사를 사용하면 감정, 의견, 계획 등을 다양하고 풍부하게 표현할 수 있습니다.
- 예시: "I would love to visit Korea." → 한국을 방문하는 것을 좋아한다는 감정이 들어가 있습니다.

- 언어 능력의 향상: to 부정사의 사용은 영어 문법의 깊은 이해를 요구합니다. 이 구조를 자연스럽게 사용하게 되면, 영어 능력 전반에 걸쳐 큰 발전이 있을 거예요.
- 예시: "To learn English is my goal." → to 부정사가 "영어를 배우는 것"이라는 명사로 주어의 역할을 하고 있습니다.

요약하면

to 부정사는 문장을 더 짧고 이해하기 쉽게 만들어 주며, 목적이나 방향을 바로 알려 주기 때문에 우리의 생각을 간결하게 표현하는 데 큰 도움이 됩니다. 그래서 to 부정사의 이치를 이해하고 일상에서 적극적으로 사용하면 일상에서 의사소통이 빠르고 명확해지죠! 더 많은 예시가 궁금하거나 질문이 있으면 언제든지 알려 주세요!

챗GPT 추가 프롬프트

ex) (to 부정사)가 왜 동사의 원형과 함께 사용되는지 이유를 설명해 주세요.
ex) (to 부정사)가 문장에서 주로 어떤 목적으로 사용되는지 이유를 설명해 주세요.
ex) (to 부정사)가 다른 문법 구조와 어떻게 상호작용하며, 그것이 문장의 의미에 어떤 영향을 미치는지 설명해 주세요.
ex) (to 부정사)의 사용이 어떻게 문장의 조리 있는 표현을 도와주는지 이유를 설명해 주세요.
ex) (to 부정사)의 역사적 배경이 현재 사용되는 형태에 어떤 영향을 미치는지 설명해 주세요.

3단계 이치 이해의 비교 학습

> **챗GPT 기본 프롬프트**
>
> ex) 영어 문법을 이치를 통해 학습 중이야. (to 부정사)와 비교하거나 구분해야 할 다른 문법은 무엇이 있어?

 멜리츠 English Solver

영어에서 (to 부정사)는 여러 용법과 문법 요소들과 자주 비교되거나 구분됩니다. 특히 비슷한 의미나 형태를 가지면서도 사용 규칙이 다른 문법들이 많습니다. 주요하게 비교되는 문법 요소들을 소개하면 다음과 같습니다.

1. 동명사 (Gerund)
- 형태: 동사 + -ing
- 용법 차이: to 부정사는 미래 지향적이거나 특정한 의도를 나타낼 때 자주 쓰이는 반면, 동명사는 이미 진행 중이거나 일반적인 습관을 나타낼 때 주로 사용됩니다.
- 비교 예문
 "I like to read books." (독서를 좋아하며 의도가 있는 느낌)
 "I like reading books." (독서 자체를 즐긴다는 의미)

2. 현재분사와 과거분사 (Present Participle vs. Past Participle)
- 형태: 현재분사는 동사 + -ing, 과거분사는 동사 + -ed 또는 불규칙 형태
- 용법 차이: 현재분사는 진행 중인 상태나 능동적인 의미, 과거분사는 수동적이거나 완료된 상태를 나타냅니다. 분사는 주로 수식어로 사용되어 명사나 문장에 추가 정보를 제공하는 반면 to 부정사는 주로 동작의 목적이나 의도를 나타냅니다.
- 비교 예문
 "I have a book to read." (읽어야 할 책이 있다 - 미래적 필요)
 "I have a book sitting on the table." (테이블 위에 놓여 있는 책이 있다 - 상태 수식)

3. 원형부정사 (Bare Infinitive)
- 형태: 동사원형

- 용법 차이: 주로 사역동사(make, let, have)나 지각동사(see, hear 등)와 함께 쓰입니다. 이 경우 to 없이 동사원형이 사용됩니다.
- 비교 예문
  "He made me do it." (to 없이 동사원형 사용)
  "He told me to do it." (일반 동사와 함께 to 부정사 사용)

~~~~~~

5. 전치사와 함께 쓰이는 동명사 (Gerund with Prepositions)
- 전치사 뒤에는 항상 동명사가 와야 하며, to 부정사는 올 수 없습니다.
- 비교 예문
  "I am interested in learning English." (전치사 in 뒤에는 항상 동명사 사용)
  "I want to learn English." (to 부정사)

요약
- to 부정사: 미래지향적 목적, 의도, 예정된 일에 대한 표현에 적합
- 동명사: 일반적 사실, 취미, 완료된 행동을 더 잘 나타냄
- 원형부정사: 사역/지각동사 뒤에서 사용
- 조건절/접속사와의 구분: 이유나 조건이 복잡한 경우 접속사 절을 사용
- 전치사와 동명사: 전치사 뒤에는 항상 동명사를 사용

이런 비교를 통해 to 부정사와 다른 문법 요소의 쓰임을 이해하면 더 자연스럽게 영어 문장을 구사할 수 있을 것입니다.

챗GPT 추가 프롬프트

ex) (to 부정사)와 (동명사)의 주요 차이점은 무엇이며, 각각의 역할에 대해 설명해 줘.
ex) (to 부정사)와 (동명사)가 같은 문장에서 어떤 문맥에서 사용되는지, 그리고 그것이 문장의 의미에 어떤 영향을 미치는지 비교해 줘.
ex) (to 부정사)와 (동명사)의 사용이 다른 문법 구조와 어떻게 상호작용하는지, 그것이 문장의 의미나 뉘앙스에 어떤 영향을 미치는지 비교해 줘.
ex) (to 부정사)의 이치를 리스트 방식으로 정리해 줘.

새로운 것 배우기 4단계: 원리 이해

챗GPT 기본 프롬프트

ex) 친절한 설명 고마워. 덕분에 (to 부정사)의 개념과 이치를 완벽하게 이해했어. 이제 (to 부정사)의 '원리'를 알고 싶어. 원리는 이치보다 더 깊고 구체적인 것들을 포함한다고 알고 있어. (to 부정사)의 원리를 실생활의 예를 들어서 알려 줘.

ex) (to 부정사)의 원리가 무엇인지 설명해 주고, 실생활에도 적용 가능하게 기술해 줘.

 멜리츠 English Solver

to 부정사의 '원리'를 이해하려면, 단순한 문법 규칙을 넘어 to 부정사가 가진 깊은 의미와 작용 방식을 살펴보는 것이 필요합니다.

to 부정사의 핵심 원리: 방향성과 목적성

1. 방향성 (Directionality)

"to"는 무엇인가로 나아 가는 방향을 의미하며, 동작이 이루어질 목적지나 목표를 암시합니다. 예를 들어, "I want to study"라는 문장에서 "to study"는 "무엇을 향해 나아 가고자 하는가?"라는 목표를 명확히 표현합니다.

2. 목적성 (Purpose)

to 부정사는 단순히 목표를 설정하는 것 이상으로, 그 목적을 달성하려는 의도를 나타냅니다. 예를 들어, "I went to the store to buy milk."에서 "to buy milk"는 단순한 미래 동작이 아닌, 특정한 목적을 나타냅니다.

실생활 예시로 본 to 부정사의 원리

1. 학교에서
   - 상황: 학생이 공부의 목적을 설명하는 경우
   - 문장: "I study English to communicate with people from other countries."
   - 분석: 여기서 "to communicate"는 공부하는 목적을 명확하게 하며, 학습의 궁극적인 목표를 표현합니다.

2. 직장에서
- 상황: 직장인이 프로젝트를 완료하는 이유를 설명하는 경우
- 문장: "We need to finish this report to meet the deadline."
- 분석: "to meet the deadline"은 완료의 필요성을 강조하며, 이 행동이 왜 중요한지를 설명합니다.

3. 일상 대화에서
- 상황: 친구에게 왜 특정 영화를 보고 싶은지 설명하는 경우
- 문장: "I want to watch this movie to understand the story better."
- 분석: 여기서 "to understand the story better"는 영화 관련 개인적인 목적을 드러내며, 행동 뒤에 숨겨진 개인적 동기를 나타냅니다.

요약: 실생활에서 적용되는 to 부정사의 '원리'

to 부정사는 항상 어떤 목적이나 목표를 향해 나아 가는 느낌을 주며, 실현할 미래의 가능성을 내포합니다. 이렇게 to 부정사는 단순히 현재 시점에서 발생한 일이 아닌, 미래에 이루어질 일과 방향성, 그리고 그 목적을 강조하는 깊은 원리를 포함하고 있습니다.

챗GPT 추가 프롬프트

ex) (to 부정사)의 원리를 이해하기 위해 어떤 방법이 가장 효과적일까? 예시나 연습을 통한 학습이 그에 포함될 수 있을까?

ex) (to 부정사)의 원리를 이해한 후에는, 실제 문장에서 그것을 어떻게 적용할 수 있을까? 원리 학습을 통해 얻은 이해를 실제로 적용하는 데는 어떤 과정이 필요할까?

ex) (to 부정사) 원리를 리스트 방식으로 정리해 줘.

새로운 것 배우기 5단계: 비교 및 분류 분석

챗GPT 기본 프롬프트

ex) 다른 문법 규칙과 비교하여 (to 부정사)가 적용되는 원리에는 어떤 차이가 있어? (초등학교 4학년)도 알아들을 수 있도록 다시 가르쳐 줘. 실생활의 예를 들어서 설명하면 더 좋겠어.

ex) (to 부정사)와 (조동사)의 차이점을 비교하면서, 각각이 어떤 원리에 기반하여 사용되는지 설명해 줘.

ex) (to 부정사)와 (형용사)의 구분을 통해 각각의 원리를 이해할 수 있어? 비교해서 설명해 주면 좋겠어.

 멜리츠 English Solver

초등학교 4학년도 이해할 수 있도록 간단히 설명해 볼게요!

1. to 부정사와 동명사 비교하기

영어에서 to 부정사는 "~하기 위해서"라는 미래에 이루고 싶은 목표를 나타내는 느낌이 있어요. 반면에, 동명사는 "~하는 것"처럼 지금 하고 있는 일이나 그냥 좋아하는 것을 말할 때 써요. 두 개의 차이를 실생활에서 자주 볼 수 있어요.

예시

- to 부정사: I sat at the table to study. "나는 공부하려고 책상에 앉았어."
  - 앞으로 공부를 시작하려는 느낌이에요. 아직 안 했지만, 공부할 목표가 있다는 뜻이에요.
- 동명사: I like studying. "나는 공부하는 걸 좋아해."
  - 여기서는 공부 자체를 즐긴다는 뜻이에요. 무슨 일을 즐기고 좋아하는 걸 표현할 때 쓰죠.

2. to 부정사와 현재분사 비교하기

to 부정사는 목표나 방향을 나타내요. 반면에, 현재분사는 지금 무언가 진행 중인 행동이나 상태를 표현하는 용도로 사용돼요. 또 능동적인 의미를 강조하는 효과가 있어서 to 부정사와 차이를 느낄 수 있어요.

예시
- to 부정사: I went to see my friend. "나는 친구를 보러 갔어."
  - 여기서는 친구를 보는 게 목표예요. 친구를 보려고 어디론가 나아 가는 방향을 나타내죠.
- 현재분사: I saw my friend walking on the street. "나는 길에서 걸어가는 친구를 봤어."
  - 이 문장에서 친구는 지금 걸어가는 중이에요. 친구가 걸어가는 모습을 나타내고 있어요.

3. to 부정사와 원형부정사 비교하기
to 부정사는 목표나 목적을 나타내고, 원형부정사는 to 없이 그냥 동사원형을 쓰는 형태예요. 원형부정사는 특히 누군가에게 무언가를 시킬 때 자주 써요.

예시
- to 부정사: My mom taught me how to cook. "엄마가 나에게 요리를 가르쳐 줬어."
  - 이 문장에서 "요리하도록"이 목표예요. 앞으로 요리를 배워 잘하게 되는 게 목적이에요.
- 원형부정사: Mom made me clean. "엄마가 나에게 청소하게 했어."
  - 이 문장은 그냥 "청소해!" 하고 직접적으로 시키는 느낌이에요. 따로 "to"를 쓰지 않고 바로 동사원형만 씁니다.

요약
to 부정사는 목표나 방향을 나타내요. 미래에 이루고 싶은 일을 위해서 쓰는 느낌이에요. 동명사는 좋아하는 일이나 하고 있는 일에 쓰여요. 현재분사는 지금 진행 중인 걸 설명할 때 쓰여요. 원형부정사는 무언가를 시킬 때 쓰는 형태예요.
이렇게 to 부정사는 미래의 목표나 의도를 나타내는 반면, 다른 문법은 지금 하고 있는 상태나 누군가가 시킨 행동 등을 설명할 때 자주 쓰인다는 차이가 있어요!

챗GPT 추가 프롬프트

ex) (to 부정사)를 왜 (조동사)와 비교, 구분해야 해?
ex) (to 부정사)와 관련 있는 문법들을 알려 줘.
ex) (to 부정사)와 비교해야 하는 문법들을 알려 줘.

새로운 것 배우기 6단계: 연결하기

챗GPT 기본 프롬프트

ex) 영어의 (to 부정사)를 더 깊게 이해하기 위해 다른 언어적 개념이나 사실과 어떻게 연결할 수 있을까? 예를 들어 (to 부정사)와 목적어, 동사원형, 조동사 등의 관련성을 이해하고, 이를 통해 (to 부정사)가 영어의 어떤 지식 체계 안에서 위치해 있는지 설명해 줘.

 멜리츠 English Solver

to 부정사를 더 깊이 이해하려면, 영어 문법의 다른 중요한 개념들과 어떻게 연결되는지 알아보는 것이 도움이 됩니다. 특히, 목적어, 동사원형, 조동사와의 관련성을 이해하면, to 부정사가 영어 문법의 전체 구조 안에서 어떻게 사용되는지 알 수 있습니다.

1. to 부정사와 목적어의 관계

영어에서 동사는 보통 동작의 대상인 목적어를 필요로 할 때가 많습니다. 하지만, 일부 동사는 행동의 목표나 이유를 더 설명해야 하는 경우가 있어요. 이런 경우, 목적어 대신에 to 부정사를 써서 그 동작의 목적을 설명할 수 있습니다.

- 예시: "I went to the park to relax." 여기서 to relax는 "왜 공원에 갔는지"를 설명하는 목적어 역할을 합니다. "휴식을 취하려고"라는 목적을 설명하죠.

- 목적어와의 관련성: to 부정사는 종종 목적이나 이유를 설명하기 때문에, 목적어와 비슷한 역할을 합니다. 이는 특히 왜 어떤 동작을 했는지 설명할 때 유용합니다.

2. to 부정사와 동사원형의 관계

to 부정사는 동사원형과 밀접하게 연결되어 있습니다. 특히, to 부정사는 동사의 원형 앞에 "to"를 붙여서 미래의 가능성이나 목적을 나타내는데, 이때의 동사원형은 구체적인 동작이나 행동을 가리킵니다.

- 예시: "She wants to dance." 여기서 "to dance"는 아직 일어나지 않은 가능성이나 의지를 나타내며, 동사원형 "dance"가 앞으로 할 행동을 가리키고 있습니다.

- 동사원형과의 관련성: 동사원형은 동작 자체를 표현하고, to 부정사는 그 동작에 목적이나 방향을 더하는 역할을 합니다. to 부정사 없이 동사원형을 사용하면 명령문이나 조건문처럼 특정한 의미로 변화합니다. 예를 들어 "Dance!"는 단순히 명령을 나타내지만, "to dance"는 춤을 출 가능성이나 희망을 나타냅니다.

3. to 부정사와 조동사의 관계

조동사는 문장 안에서 특정한 의미(가능성, 의무 등)를 더하며 뒤에 동사원형을 사용하지만, to 부정사는 특정한 방향성이나 목표를 가지며 구체적인 목적을 나타내기 위해 동사원형과 결합됩니다.

4. 부정사의 위치: 영어 문법 체계 내에서의 역할

영어 문법 체계에서 to 부정사는 다음과 같은 역할을 합니다.

- 목적과 방향성 부여: 특정한 동작의 목적이나 이유를 나타내며, 목표로 나아 가는 방향성을 표현하는 데 쓰입니다. 따라서, 목적을 설명하는 역할에서 중요합니다.

- 미래 가능성 및 잠재력: 아직 일어나지 않은 일이나 미래의 가능성, 희망을 나타내는 데 주로 사용되며, 조동사와 비슷한 기능을 담당하기도 합니다.

- 행동의 원형 표현: 동사원형을 사용하여 기본적인 동작을 표현하면서도 구체적인 의미나 이유를 추가하는 역할을 합니다.

이처럼 to 부정사는 목적어, 동사원형, 조동사와 같은 요소들과 밀접하게 연결되며, 영어 문장에서 의미를 확장하고 구체화하는 중요한 위치를 차지합니다.

새로운 것 배우기 7단계: 확장하기

챗GPT 기본 프롬프트

ex) (to 부정사)를 완전하게 이해하고 활용하면 어떤 장점이 있을까? '추론 사고'에서 어떤 부분이 향상될 수 있을까? 예를 들어 (to 부정사)를 포함한 문장을 해석할 때, 어떤 정보를 더 추론할 수 있게 되는지 실제 예시를 들어 설명해 줘. 설명은 (고등학생) 수준 그리고 (초등학교 4학년) 수준, 두 가지로 해 줘.

ex) (to 부정사)를 통한 추론 학습은 어떻게 일상생활에서 유용하게 적용될 수 있어? 예를 들어 어떤 상황에서 (to 부정사)를 이해하고 추론하는 것이 도움이 될 수 있는지 생각해 봐.

 멜리츠 English Solver

1. 고등학생 수준 설명

to 부정사를 완전히 이해하고 활용하는 것은 추론 능력을 크게 향상시킬 수 있습니다. 이는 to 부정사가 포함된 문장에서 화자의 의도, 목적, 그리고 문맥상 정보를 유추할 수 있게 도와주기 때문입니다. to 부정사는 단순히 동작을 전달하는 것뿐 아니라, 그 동작을 왜 하려는지, 어떤 목표나 목적을 가지고 있는지를 암시합니다.

- 예시: "She went to the library to study." (그녀는 공부하러 도서관에 갔다.)
- 추론 가능 정보: 이 문장을 통해 단순히 "그녀가 도서관에 갔다"는 사실만 알 수 있는 것이 아니라, 그녀가 공부하려는 목적을 가지고 도서관에 간 것임을 알 수 있습니다. 따라서 이 문장에서 우리는 그녀의 학업에 대한 의지나 목적의식을 추론할 수 있습니다.

- 예시: "He practiced hard to win the competition." (그는 대회에서 이기기 위해 열심히 연습했다.)
- 추론 가능 정보: 여기서 "to win"은 그의 연습 목표를 명확하게 전달합니다. 즉, 단순히 연습하는 것에서 끝나지 않고, 승리를 목표로 한 의도적 행동임을 알려 줍니다. 이로 인해 독자는 그가 얼마나 진지하게 목표를 위해 노력하는 사람인지 추론할 수 있고, 이 목표가 그의 동기를 어떻게 끌어올리고 있는지도 파악할 수 있습니다.

추론 사고 향상 요점

to 부정사는 단순히 동작이나 상태만 전달하지 않고, 그 뒤에 숨은 의도나 목적을 드러내기 때문에 독자가 문장 속의 숨은 의미나 정보를 추론하게 도와줍니다. 이를 통해 독자는 더 깊은 이해를 통해 상대방의 상황이나 성향을 보다 정확하게 파악할 수 있습니다.

2. 초등학교 4학년 수준 설명

to 부정사를 잘 이해하고 쓰면, 문장에서 어떤 일을 왜 하는지를 더 잘 알 수 있어요.
to 부정사는 "~하기 위해서"라는 뜻으로 사용되는데, 이 말을 잘 알면 사람들이 왜 어떤 행동을 했는지, 그 목적이나 이유를 쉽게 알 수 있어요.

- 예시: "Mom went to the store to buy milk." (엄마가 우유 사러 마트에 갔어요.)
- 추론 가능 정보: 이 문장에서 "to buy milk"라는 부분은 엄마가 우유를 사려고 마트에 간 거예요. 그냥 마트에 간 것보다 우유가 필요해서 간 것임을 쉽게 추측할 수 있어요.

추론 사고 향상 요점

to 부정사를 알면, 문장에서 이 사람이 무슨 일을 하려는지, 어떤 목적이 있는지 더 잘 알 수 있어요.

챗GPT 추가 프롬프트

ex) (to 부정사)를 포함한 문장을 통해 어떤 종류의 정보나 의미를 파악할 수 있어? 이러한 정보나 의미를 통해 어떻게 세상의 표현에 대한 이해를 높일 수 있어?
ex) 문장에서 (to 부정사)의 역할을 파악하는 데 도움이 되는 방법을 생각해 봐.

챗GPT를 통한 영어 학습이 탁월한 것은 비교 학습을 해 주기 때문이다. 언어는 상황과 문맥 속에서 의미가 변한다. 그런데 모국어가 아닌 상황에서는 언어가 가지는 분위기와 뉘앙스를 파악하기가 어렵다. 그래서 챗GPT를 통해 언어 학습을 할 때 학습자는 충분한 비교를 통해 의미 파악과 사용을 보다 분명히 할 수 있다.

새로운 것 배우기 8단계: 통찰 이끌어 내기

> **챗GPT 기본 프롬프트**
>
> ex) (to 부정사)를 포함한 문장을 통해 어떤 종류의 정보나 의미를 파악할 수 있어? 그리고 이러한 정보나 의미를 통해 어떻게 대화나 문맥상의 표현에 대한 이해를 높일 수 있어?
> ex) (to 부정사)를 통해 나타나는 언어의 변화 중 어떤 것을 파악할 수 있어? 이러한 변화 혹은 변하지 않음이 어떻게 언어의 사용 및 의미에 영향을 미칠 수 있어?
> ex) (to 부정사)를 활용하여 어떤 종류의 문제를 해결할 수 있어? 그리고 이를 통해 어떻게 문제 해결 능력을 향상시킬 수 있어?

 멜리츠 English Solver

to 부정사 문법 요소를 통해 화자가 의도하는 의미, 목표, 의도, 이유 등을 추론할 수 있어요. 이를 통해 우리는 대화나 문맥을 더 깊이 이해하고 상황에 맞는 의미를 파악할 수 있습니다.

1. 목적과 의도 파악

- 예시: "I called him to ask for help."
  단순히 전화를 했다는 사실을 넘어, 도움을 구하려고 전화를 했다는 목적이 드러납니다.

- 대화 이해의 향상: 목적이 드러나는 문장은 화자의 상황을 더 잘 파악하게 해줍니다. 예를 들어, 단순히 전화한 것이 아니라 도움을 요청하려는 긴급함이나 의도를 추론할 수 있죠. 이를 통해 대화를 나눌 때 상대방이 원하는 바를 좀 더 정확하게 이해할 수 있습니다.

2. 미래 지향성과 계획성

- 예시: "She saved money to buy a new phone."
  단순히 저축했다는 것이 아니라, 미래에 새 휴대폰을 사려는 계획을 가지고 있다는 것이 드러납니다.

- 대화 이해의 향상: 상대가 앞으로 무엇을 원하고 이루고자 하는지 알면, 대화의 방향을 그 목표에 맞춰 조정할 수 있어요. 예를 들어 친구가 돈을 모으는 이유가 새 휴대폰 때문이라면, 휴대폰 선택에 대한 조언이나 관련된 이야기를 나눌 수도 있겠죠.

3. 조건이나 필요한 준비 상황

- 예시: "You need good grades to get into that college."
  이 문장은 단순히 성적을 강조하는 것이 아니라, 그 성적이 대학 입학이라는 조건을 만족하기 위해 필요하다는 의미를 포함합니다.

- 대화 이해의 향상: 이러한 표현을 통해 상대방이 어떤 조건을 맞추려고 노력 중인지 이해할 수 있습니다. 그 조건을 위해 어떻게 도움을 줄 수 있을지, 혹은 같이 고민해 볼 수 있는지도 추론할 수 있죠.

4. 화자의 감정과 기대감 표현

- 예시: "I'm excited to see my friends again."
  화자는 친구들을 만날 생각에 기대와 기쁨을 느끼고 있다는 감정을 드러냅니다.

- 대화 이해의 향상: 기대와 감정이 드러나는 표현을 통해 상대방이 대화에서 어떤 정서를 공유하고자 하는지 이해할 수 있어요. 상대가 기쁜 마음이라면 긍정적인 반응을, 긴장하거나 걱정하는 상황이라면 격려를 통해 대화의 깊이를 더할 수 있습니다.

요약

to 부정사를 통해 우리는 목적, 미래 계획, 조건, 감정 등을 파악할 수 있습니다. 이를 통해 대화 속에서 상대의 의도와 감정을 더 잘 이해하고, 상황에 맞는 반응을 제공하여 상대와의 의사소통을 원활하게 할 수 있습니다.

챗GPT 추가 프롬프트

ex) (to 부정사)의 다양한 용법과 구조를 이해하면 어떻게 언어의 복잡성을 이해하는 데 도움이 될까? 그리고 이러한 이해를 통해 세상에 대한 보다 깊은 통찰력을 발휘할 수 있어? 설명은 (고등학생) 수준, (초등학교 4학년) 수준, 두 가지로 해 줘.

ex) (to 부정사)의 사용 패턴을 통해 어떤 종류의 변화와 변하지 않음을 파악할 수 있어? 이러한 변화와 변하지 않음이 언어 외적인 환경이나 문화적 요인과 연관이 있을 수 있어?

ex) (to 부정사)를 적절히 사용하여 어떤 상황에서의 의사소통을 개선할 수 있어? 그리고 이러한 의사소통의 개선이 어떻게 실생활에서의 문제 해결에 도움이 될 수 있을까?

새로운 것 배우기 9단계: 전이하기

챗GPT 기본 프롬프트

ex) (to 부정사)를 통한 추론 학습을 통해 영어 문장 해석 능력을 향상시킬 뿐만 아니라, 다른 언어나 학문 분야에서도 어떻게 활용할 수 있을까? 예를 들어, (to 부정사)를 이해하는 데 강화된 추론 능력이 수학 문제 해결 능력이나 과학적 추론 능력에 어떤 영향을 미칠 수 있는지 생각해 봐.

ex) (to 부정사)를 다른 언어 학습이나 문학 해석에 어떻게 활용할 수 있을까? 예를 들어, (to 부정사)의 용법과 구조를 이해하는 것이 다른 언어의 문장을 해석하는 데 어떤 도움이 될 수 있을까?"

ex) (to 부정사)의 추상화된 개념을 다른 영역으로 전이하는 것을 도와주기 위해 어떤 종류의 실전 연습이 유용할까? 예를 들어, 다른 학문 분야나 일상생활에서 to 부정사를 활용하는 연습을 어떻게 할 수 있을까?

 멜리츠 English Solver

to 부정사를 통한 추론 학습은 영어 문장 해석뿐만 아니라, 수학, 과학, 그리고 논리적 사고가 필요한 분야에서도 매우 유익하게 활용될 수 있습니다.

1. 수학 문제 해결 능력에서의 활용

to 부정사를 이해하는 과정에서 훈련된 목적 중심의 추론 능력은 문제를 단계별로 접근하는 사고력을 키워 줍니다.

- 예시: 수학 문제에서 "결과를 구하기 위해 어떤 방법을 사용할 것인가?"라는 질문은 to 부정사의 사고와 유사합니다. 즉, "이 문제를 풀기 위해 무엇을 해야 하는가?"와 같은 방식으로 해결 목표를 먼저 설정하고, 그 목표를 달성하기 위해 필요한 조건이나 해결 과정을 추론하는 훈련을 할 수 있습니다.

- 실제 적용: 예를 들어 "어떤 수학적 공식을 사용해 문제를 풀어야 하는지"를 파악하는 단계에서 to 부정사 학습을 통해 길러진 목적 지향적 사고력이 문제 해결의 방향을 설정하는 데 도움을 줍니다.

2. 과학적 추론 능력에서의 활용

to 부정사 학습을 통해 강화된 추론 능력은 과학적 실험이나 연구에서 목적을 설정하고 그 목적에 맞는 방법을 추론하는 데 유용합니다.

- 예시: "이 실험을 통해 무엇을 알아내려 하는가?"라는 질문은 to 부정사의 목적적 사고와 닮아 있습니다. 예를 들어, "온도 변화가 물질의 상태에 미치는 영향을 알아보기 위해 온도를 조절했다"라는 문장에서 to 부정사의 구조를 이용해 실험 목적을 파악하는 사고가 자연스럽게 이루어집니다.

- 실제 적용: 과학적 추론에서도 "A를 알아내기 위해 B를 해야 한다"라는 방식의 사고는 to 부정사의 목적 지향적 사고와 같습니다. 이를 통해 가설을 세우고, 가설을 검증하기 위한 실험 과정을 추론하는 능력을 기를 수 있습니다.

3. 논리적 사고와 문제 해결 과정에서의 응용

to 부정사를 이해하면서 목표 지향적 사고를 연습하면 문제 해결에서 왜 이 단계를 거쳐야 하는지를 더 명확히 이해하게 됩니다.

- 예시: "결과를 예측하기 위해 데이터를 분석한다"와 같은 과정은 to 부정사 학습에서 목표를 위해 필요한 단계를 설정하는 사고와 같습니다.

- 실제 적용: 예를 들어 논리적인 글을 읽거나, 복잡한 상황을 이해할 때 "이 글에서 저자가 무엇을 말하려 하는가?"라는 추론적 질문을 던지면 내용을 이해하는 데 도움이 됩니다. 다양한 텍스트나 상황에서도 숨은 의미와 목표를 파악하는 데 유리해집니다.

챗GPT 추가 프롬프트

ex) (to 부정사)의 다양한 용법과 구조를 이해하고 일반화하는 데 어떤 전략을 사용할 수 있을까? 예를 들어 어떤 종류의 문장이나 문맥에서 to 부정사가 특히 자주 사용되는지 생각해 봐.

ex) (to 부정사) 개념을 다른 학문 분야나 일상생활에 어떻게 적용할 수 있을까? 수학 문제나 과학적 상황에서 (to 부정사)의 개념을 활용할 수 있는 방법은 뭘까?

ex) (to 부정사)를 다른 영역으로의 전이에 활용하기 위해 어떤 종류의 문제 해결 전략이 효과적일까?

새로운 것 배우기 10단계: 평가하기

챗GPT 기본 프롬프트

ex) 지금까지 다양하게 (to 부정사)에 대해서 공부했어. 정말 고마워. 마지막으로 내가 지금까지 배운 것들을 완전히 이해했는지를 알고 싶어. 내 이해를 평가할 문제를 만들어 줄 수 있니? 내가 이 영역을 정확히 이해했는지 알아보기 위해 문제를 객관식과 주관식으로 섞어서 출제해 줘.

 멜리츠 English Solver
당연하죠! 지금까지 학습한 to 부정사의 개념을 평가할 수 있도록 다양한 유형의 문항을 준비해 보았습니다.

1. (객관식) 다음 문장에서 to 부정사의 용법이 맞는 것을 고르세요.

"She goes to the gym every day to stay healthy."

(1) 이유를 나타냄
(2) 과거 사실을 나타냄
(3) 능력을 나타냄
(4) 조건을 나타냄

2. (주관식) 다음 문장에서 to 부정사가 사용된 부분의 목적을 설명해 보세요.

"He studied hard to pass the exam."

3. (객관식) 다음 중 to 부정사의 의미가 다른 하나를 고르세요.

(1) "I'm saving money to travel next summer."
(2) "She went to the store to buy groceries."
(3) "They hired a coach to help improve their skills."
(4) "I saw him to tell him the news."

4. (객관식) 다음 문장에서 어법이 올바른 문장을 고르세요.

(1) I went to store buy some milk.
(2) She is trying to improve her skills.
(3) He asked me to helping him.
(4) To playing soccer is fun.

5. (주관식) 다음 문장에 to 부정사를 사용해 목적을 나타내는 문장을 완성해 보세요.

"Lisa is learning Spanish _____."

6. (객관식) 빈칸에 들어갈 알맞은 단어를 고르세요.

It's important _____ on time.

(1) arriving
(2) to arrive
(3) arrive
(4) arrives

이 여섯 문항을 통해 to 부정사의 다양한 용법을 잘 이해했는지 스스로 평가해 볼 수 있을 거예요. 각 문항에 답을 해 보시고, 필요하면 피드백을 드릴 테니 부담 없이 도전해 보세요!

챗GPT 추가 프롬프트

ex) (to 부정사)에 대한 주요 개념과 학생들이 자주 걸리는 오류 리스트, 그리고 이유를 알려 줘. 물론 답도 알려 줘야 해. 답의 해설도 적는 거 알지?
ex) 내가 틀린 문항을 이해했는지 비슷한 문제를 다시 출제해 줘.
ex) (to 부정사)에 관련된 심화 학습을 위해서는 어떤 영역을 학습해야 할까?

지금까지 우리는 '멜리츠 English Solver'를 통해 학습하고자 하는 문법의 개념, 구조와 용법, 다양한 문맥에의 적용까지 심도 있게 탐구했다. 이 과정을 통해 영어 문법의 한 측면을 단순히 암기하는 것이 아니라, 그 원리와 응용을 이해하게 되었다. 처음에는 각 문법의 기본적인 정의와 예시를 배울 수 있다. 구조가 문장 내에서 어떻게 다양한 기능을 수행하는지 살펴보고, 어떻게 활용되는지 깊이 있게 생각할 수 있다. 또한 다른 언어의 유사 구조 비교를 통해 언어 간 연결고리 탐색이 가능하며, 이는 더 넓은 언어학적 통찰로 이어질 수 있다.

멜리츠 English Solver와의 대화는 단순한 학습을 넘어서, 실제로 언어를 사용하는 방법에 대한 이해를 높일 수 있다. 문법 학습을 통해 문장을 해석하고, 의도나 감정을 추론하는 능력이 향상되는 것을 실감할 수 있을 것이다. 이러한 경험은 영어뿐만 아니라 모든 언어 학습에 있어 근본적인 이해가 얼마나 중요한지를 다시 한번 일깨워준다.

마지막으로, 이 학습 도구를 활용하여 제시된 문제들을 해결해 나가면서, 문법 학습에 대한 이해가 실제로 얼마나 깊어졌는지 자가 평가할 수 있는 기회를 가질 수 있다. 이 과정에서 학습자는 자신감을 얻을 수 있으며, 앞으로 영어 사용에 있어 더욱 자유롭고 창의적인 방식을 모색할 수 있는 기반을 마련하게 된다.

멜리츠 학습법으로 고등학교 수능 영어 독해하기

현재 시행되고 있는 많은 영어 시험은 듣기, 읽기, 쓰기, 그리고 말하기라는 언어의 4대 영역으로 구성되어 있다. 영어는 언어이기 때문에 네 가지 영역 중 어느 하나만 학습할 수 없다. 이는 대학수학능력시험 영어 지필고사(이하 수능 영어)에서도 반영되고 있다. 그러나 수능 영어는 시험 환경이나 절차상 말하기와 쓰기 영역은 제외하고, 듣기와 읽기 두 개의 형식으로 구성되어 있다. 그리고 읽기 파트에서 문법과 문장 해석 및 독해력, 그리고 논리적 구성 등 언어적인 측면을 테스트한다. 때문에 영어 시험을 잘 보기 위해서 학습자는 영어로 된 지문을 읽고 이해하는 능력, 맥락의 의미를 파악하는 능력을 갖춰야 한다.

수능 영어 독해를 학습하기 위해 가장 기본이 되는 것은 글을 읽고 주제를 찾는 능력이다. 우리는 챗GPT를 통해, 수준에 맞는 문제를 제작하여 연습할 수 있다. 이때 챗GPT에게 한국의 고등학교 같은 학년의 수준보다 미국의 영어 읽기 수준이나 CEFR(유럽 공통 언어 참조 기준)과 같은 국제 표준 영어 레벨을 적용함으로써 난이도를 조절하는 것이 필요하다.

한국 중고등학생들이 받는 공교육과 사교육은 모두 맞춤 학습이라기보다 통일성을 가지고 학습을 하게 하고, 정답을 찾는 기술을 훈련하는 경향이 크다. 한편 성적 향상을 위해 학원 교육을 받고 싶어도 일정 수준에 도달하지 못하면 학원 등록도 어려운 현실이다. 이런 상황 속에서 학년에 상관없이 자신의 수준에 맞도록 멜리츠 영어 학습을 통해 수능 영어를 준비할 수 있다.

다음에 소개하는 멜리츠 학습 챗봇은 '멜리츠 수능 영어 문제 마법사'이다. 먼저 기출 문제를 바탕으로 비슷한 유형의 문제를 만들어 연습해 보자.

멜리츠 수능 영어 문제 마법사

멜리츠 수능 영어 문제 마법사를 통해 수능 독해 연습하기

챗GPT로 학습할 때 학습자의 수준을 GPT에 정확하게 반영하는 것이 중요하다. 특히 영어를 학습하는 경우, 난이도와 레벨을 설정할 때 정확할수록 학습 효과가 높아질 수 있다. 그렇기에 챗GPT로 수능 학습을 하기 위해서 한국의 영어 교육 수준을 파악해 반영할 필요가 있다. 한국의 영어 학습 수준과 비교할 수 있는 공인 영어 레벨 중, 미국 르네상스사의 독서 능력(AR) 지수와 유럽연합 공통언어 표준등급인 CEFR 등의 레벨을 사용할 수 있다.

| 국내 영어 교과서 및 주요 시험과 미 리딩 지수 비교 |[3]

	초등 5학년	초등 6학년	중등 1학년	중등 2학년	중등 3학년	고등 1학년	고등 2학년	모의고사	수학능력평가
최저 난이도	0.4	0.9	1.4	2.5	3.0	6.1	7.0	5.9	4.6
최고 난이도	2.3	2.7	4.2	5.1	6.1	7.7	8.9	12.4	13.7
평균 난이도	1.6	1.7	3.1	4.4	4.6	7.1	8.0	8.9	9.9

출처: 르네상스러닝코리아

- 중학교, 고등학교 진학에 따라 급격히 상승하는 영어 난이도
- 수능 영어의 변별력을 기르는 문제는 이해한 것을 적용 및 분석하는 능력 요구
- 단순한 영어 지문의 이해를 넘어 영어적 사고력과 분석력까지 필요
- 이는 영어로 커뮤니케이션하는 비즈니스 환경에서도 필요한 능력
- 장기적인 영어 학습 계획과 방법이 필요

---

3) https://renaissancekorea.com/wp-content/uploads/2023/06/%EB%A5%B4%EB%84%A4%EC%83%81%EC%8A%A4%EB%9F%AC%EB%8B%9D_%EB%B8%8C%EB%A1%9C%EC%8A%88%EC%96%B4_%ED%95%99%EC%9B%90%EC%9A%A92023_%EC%B5%9C%EC%A2%85%EB%B3%B8_230619.pdf

한국의 학교 시스템 안에서의 학년별 영어 수준을 AR 지수와 비교하여 분류하면 각 학년의 일반적인 영어 능력 범위를 기준으로 추정할 수 있다. 하지만 이 데이터는 대략적인 가이드 라인으로만 활용 가능하며, 실제 학생 개개인의 능력에 따라 차이가 있을 수 있다.

1단계: 수준에 맞는 문제 생성하기

챗GPT 기본 프롬프트

ex) 글의 주제를 찾는 연습을 하고 싶어.
1) 글은 10 문장으로 작성하고 2) 수준은 AR 9.0-9.9로 하고 3) 글을 제시하고 문제를 만들고 4) 오지선다의 객관식으로 하고 5) 오지선다는 모두 영어로 작성해 줘. 6) 정답은 내 답을 듣고 알려 줘.

 멜리츠 수능 영어 문제 마법사

물론이죠! AR 9.0-9.9 수준에 맞추어 글을 작성하고, 주제를 찾는 연습 문제도 준비해 드릴게요.

Passage
Living a healthy lifestyle is not just about exercising regularly; it also involves eating a balanced diet and getting enough sleep. Many people focus only on fitness, forgetting that nutrition plays an equally important role in their overall health. (…) Developing these habits can lead to improved mental clarity, higher energy levels, and a stronger immune system. A healthy lifestyle is about making consistent choices that benefit both the body and mind.

Question
What is the main idea of the passage?

A. Exercise is the most important part of a healthy lifestyle.
B. Eating a balanced diet is the key to avoiding stress.
C. A healthy lifestyle includes a balanced diet, exercise, and good habits.
D. Drinking water is the best way to stay healthy.
E. Sleep is the only way to boost the immune system.

이 문제를 풀어 보시고 정답을 말씀해 주세요.

2단계: 정답에 대한 설명 요청하기

챗GPT 기본 프롬프트

ex) 글 설명은 한글로 해 주고, 정답이 C라면 근거가 되는 문장을 알려 줘.

 멜리츠 수능 영어 문제 마법사
좋습니다! 먼저 글의 요점을 한글로 설명해 드리겠습니다.

글 요약
이 글은 건강한 생활 방식을 이루기 위해 여러 요소가 필요하다는 점을 설명하고 있습니다. 단순히 운동만으로 건강한 생활을 유지할 수 없으며, 균형 잡힌 식단과 충분한 수면도 중요하다고 강조합니다. 건강한 생활 방식에는 영양이 풍부한 음식을 섭취하고, 스트레스를 관리하며, 물을 충분히 마시는 것도 포함됩니다. 이 모든 요소들이 결합될 때 몸과 마음 모두에 긍정적인 영향을 미치며, 면역력과 에너지를 높여준다고 설명합니다.

정답 및 근거 문장
정답은 C("A healthy lifestyle includes a balanced diet, exercise, and good habits") 이며 근거 문장은 다음과 같습니다.
Living a healthy lifestyle is not just about exercising regularly; it also involves

eating a balanced diet and getting enough sleep.

이 문장에서 건강한 생활이 단순히 운동에만 국한되지 않고, 균형 잡힌 식사와 충분한 수면, 그리고 여러 좋은 습관들을 포함한다는 내용을 알 수 있습니다.

3단계: 오답 설명 요청하기

챗GPT 기본 프롬프트

ex) 그렇다면 다른 보기들은 왜 오답인지 설명해 줘.

 멜리츠 수능 영어 문제 마법사
물론입니다! 각 보기가 오답인 이유를 설명해 드릴게요.

A. Exercise is the most important part of a healthy lifestyle.
오답 이유: 이 보기에서는 운동이 가장 중요한 요소라고 강조하고 있습니다. 하지만 본문에서는 운동만이 아니라 균형 잡힌 식단, 충분한 수면, 스트레스 관리 등 여러 요소가 모두 중요하다고 설명합니다.

B. Eating a balanced diet is the key to avoiding stress.
오답 이유: 이 보기에서는 균형 잡힌 식단이 스트레스를 피하는 열쇠라고 주장하고 있습니다. 그러나 식단이 건강한 생활의 한 부분임을 강조하긴 했지만, 스트레스는 마음 챙김과 같은 활동을 통해 관리할 수 있다고 설명했지, 식단이 스트레스 관리의 핵심이라고 하지는 않았습니다.

D. Drinking water is the best way to stay healthy.
오답 이유: 이 보기에서는 물을 마시는 것이 건강을 유지하는 최선의 방법이라고 말하고

있습니다. 본문에서는 물을 마시는 것이 건강한 생활의 일부라고 설명하고 있지만, 가장 중요한 방법으로 강조하지 않았습니다. 물 섭취 외에도 운동, 영양, 수면, 스트레스 관리 등 다양한 습관을 강조했기 때문에 이 보기도 글의 주제와 일치하지 않습니다.

E. Sleep is the only way to boost the immune system.
오답 이유: 이 보기는 면역력을 높이는 유일한 방법이 수면이라고 말하고 있습니다. 본문에서는 수면이 면역력에 중요한 역할을 한다고 언급했지만, 면역력을 높이기 위해 운동, 영양, 수분 섭취 등 여러 요소가 필요하다고 설명합니다. 수면이 유일한 방법이라고 말한 적이 없기 때문에 이 보기도 주제와 맞지 않습니다.

정답 C: A healthy lifestyle includes a balanced diet, exercise, and good habits.

본문에서는 건강한 생활을 위해 운동, 식단, 수면, 스트레스 관리와 같은 좋은 습관들이 필요하다고 강조합니다. 정답 C는 본문이 전달하고자 하는 주제와 가장 잘 맞습니다.

4단계: 연관 문제 만들어 연습하기 및 정답 확인하기

챗GPT 기본 프롬프트

ex) 이제 위에 지문을 가지고 글의 주제를 한 문장으로 요약하는 연습을 하고 싶어. 핵심 단어 두 개를 빈칸으로 해서 문장 요약 문제를 객관식 오지선다로 만들어 줘.

멜리츠 수능 영어 문제 마법사
좋습니다! 주제를 요약한 문장과 함께 오지선다 객관식 문제를 준비해 드릴게요.
다음은 요약 문제입니다. 빈칸에 들어갈 정답을 선택해 주세요.

요약 문제

Choose the words that best complete the summary of the main idea of the passage: To live a healthy lifestyle, it is essential to maintain a balanced ____ and develop good ____.

A. diet, habits
B. sleep, fitness
C. exercise, goals
D. water, habits
E. diet, emotions

나 : 정답은 E!

멜리츠 수능 영어 문제 마법사
아쉽지만 정답은 A. diet, habits입니다!

지문의 주제는 균형 잡힌 식단(diet)과 건강한 습관(habits)이 건강한 생활을 위해 필수적이라는 점을 강조하고 있습니다. "diet"와 "habits"가 건강한 생활에 중요한 요소로 여러 번 언급되며, 이 두 단어가 가장 주제와 잘 맞습니다.

E. diet, emotions는 emotions가 주요 내용이 아니기에 주제와 일치하지 않습니다. 잘 풀어 주셨고, 더 궁금한 점이 있다면 언제든지 질문해 주세요!

5단계: 문제 유형에 맞는 개념 설명 요청하기

챗GPT 기본 프롬프트

ex) 그러면 주제 찾기 및 빈칸 추론 문제들의 개념을 설명해 줘. 내 수준은 AR 9.0-9.9 수준이야.

멜리츠 수능 영어 문제 마법사

주제 찾기와 빈칸 추론 문제는 독해력과 추론 능력을 향상시키는 중요한 연습입니다. 이 두 가지 문제의 개념과 해결 방법을 AR 9.0-9.9 수준에 맞춰 설명해 드릴게요.

1. 주제 찾기 문제의 개념

주제 찾기 문제는 글 전체에서 가장 중요한 메시지, 즉 글쓴이가 독자에게 전달하고자 하는 핵심 생각이나 요점을 파악하는 것을 목표로 합니다. 주제는 보통 글의 처음이나 끝부분에 암시되거나, 글의 여러 부분에서 반복되며 강조됩니다.

주제 찾기 문제 해결 방법
- 주제문 찾기: 각 문단의 첫 번째 문장 또는 마지막 문장이 주제를 직접적으로 나타내는 경우가 많습니다. 글의 첫 문장과 마지막 문장을 주의 깊게 읽으면 도움이 됩니다.
- 중복된 내용 찾기: 글에서 여러 번 반복되거나 강조된 내용을 찾아 봅니다.
- 세부 사항과 구분하기: 주제는 세부 사항이 아니라, 세부 사항들을 연결해 주는 개념입니다. 글에서 특정 행동의 목적이나 이유가 반복된다면, 그 이유가 주제일 수 있습니다.

2. 빈칸 추론 문제의 개념

이 문제는 독자가 글의 흐름과 논리를 이해하고, 문맥을 통해 빈칸에 가장 자연스럽게 들어갈 답을 찾아야 합니다. 빈칸 추론 문제는 독해력뿐만 아니라 문맥을 읽고 숨겨진 의미를 유추하는 능력을 필요로 합니다.

빈칸 추론 문제 해결 방법
- 앞뒤 문맥 파악: 빈칸 앞뒤의 문장이나 단어들이 힌트가 될 수 있습니다.
- 관련 어휘 찾기: 빈칸 앞뒤의 어휘와 빈칸이 어떤 연관이 있는지 생각해 보세요.
- 논리적 연결 찾기: 글의 전체적인 논리가 빈칸과 연결되는지 확인합니다.

요약

주제 찾기 문제는 글의 전체적인 요점을 한 문장으로 파악하고자 합니다. 글의 처음과 끝, 그리고 반복되는 내용이 주제일 가능성이 높습니다. 빈칸 추론 문제는 문맥과 논리를 바탕으로 빈칸에 들어갈 단어를 추측하는 문제로, 글의 흐름과 앞뒤 문맥에서 힌트를 찾아야 합니다. 이 두 가지 유형의 문제를 꾸준히 연습하면, 글의 전체적인 의미를 더 잘 파악하고 중요한 정보와 세부 사항을 구분하는 능력이 크게 향상될 것입니다.

 멜리츠 사회쌤 바로가기

[06]

사회 학습하기
"다양한 문화권이 궁금해"

멜리츠 학습법으로 '다양한 문화에 관해 학습하기'

멜리츠 사회쌤 챗봇은 Axnow.org에서 이용하거나 챗GPT 사용자라면 역시 동일하게 장터에서 검색하여 사용할 수 있다. 멜리츠 사회쌤도 같은 방식의 10단계로 학습 예시를 소개하고자 한다.

새로운 것 배우기 1단계: 주입

 나
너는 최고의 사회 선생님 역할을 할 거야. 공부할 내용은 다양한 문화야. 그리고 나는 중학교 1학년 학생이야. 시작해 볼까?

 멜리츠 사회쌤
좋아, 다양한 문화를 공부해 보자! 문화는 한 사회의 사람들의 삶을 이해하는 중요한 창문과 같아. 다양한 나라와 지역의 문화를 배움으로써 서로의 차이점을 존중하고 공통점을 발견할 수 있지. 중학교 1학년 수준에서라면 우선 다양한 문화가 어떻게 형성되었고, 각 문화마다 어떤 특색이 있는지 알아보는 것으로 시작할 수 있어.

1. 문화란 무엇인가?
먼저 '문화'라는 개념을 이해해야 한다. 문화는 언어, 예술, 종교, 음식, 전통 의식, 생활 방식 등으로 구성돼 있어서 사람들의 사고방식과 행동을 포함하는 넓은 개념이다.

2. 문화의 다양성
세상에는 다양한 문화가 공존한다. 문화마다 고유한 가치와 전통이 있으며 예를 들어, 나라마다 즐겨 먹는 음식이 다르고 특별한 의식이나 축제도 문화마다 다르다.

3. 문화와 교류
문화는 고정돼 있지 않고 시간이 흐르면서 다른 문화와 영향을 주고받으며 변한다. 글로벌화로 전 세계 사람들은 서로 다른 나라의 음악, 음식, 패션에 관심을 가지게 되었다.

이제 문화에 대해 알고 싶은 것이 있니, 아니면 특정 문화에 대해 더 자세히 알고 싶어?

새로운 것 배우기 2단계: 개념 이해

 나
지금부터 다양한 세계, 다양한 문화를 배우고 싶어. 어떤 순서로 배우는 것이 좋을까? 계획을 알려 줘.

 멜리츠 사회쌤
세계의 다양한 문화를 배우려면 지역별로, 또는 주제별로 접근하는 방법이 좋아. 순서를 잘 짜면 흥미롭고 다양한 문화를 탐험할 수 있을 거야. 아래 계획을 따라가 보면 도움이 될 거야.

1. 기본 이해
- 문화의 정의와 구성 요소: 문화가 무엇이며 어떻게 형성되는지 이해하기
- 문화적 다양성의 중요성: 다양한 문화의 공존과 그 중요성에 대해 학습하기

2. 지역별 문화 탐구
- 아시아
  - 한국, 중국, 일본 등 동아시아 국가의 문화
  - 인도, 인도네시아 등 남아시아의 다채로운 문화

- 유럽
  - 프랑스, 영국, 독일 등 서유럽의 역사와 예술
  - 러시아, 폴란드 등 동유럽 문화와 전통

- 아메리카
  - 북아메리카의 원주민 문화, 미국의 다양한 문화적 요소
  - 남아메리카의 다양한 원주민과 스페인·포르투갈 문화의 혼합

- 아프리카
  - 이집트, 에티오피아 등 북아프리카의 고대 문화와 사하라 이남의 다양한 전통

3. 문화적 교류와 글로벌 이슈
- 음식 문화: 각 지역에서 즐겨 먹는 음식과 식습관

- 예술과 건축: 각 나라의 미술, 음악, 건축 양식 비교

4. 문화적 교류와 글로벌 이슈
- 세계화로 인한 문화 간 교류와 변화
- 문화적 차이로 발생하는 갈등과 이를 해결하는 방법
- 지속가능한 문화 보존과 발전

새로운 것 배우기 3단계: 이치 이해

나
그렇구나. 이제 개념은 이해가 됐고, 문화 지역과 같은 현상이 왜 만들어졌나 이유를 알고 싶어.

멜리츠 사회쌤
문화 지역과 같은 현상이 만들어지는 이유는 여러 가지 요소가 복합적으로 작용하기 때문이야. 이 현상은 역사, 지리, 종교, 언어 등의 다양한 요소와 관련되어 있어. 구체적인 이유를 살펴보면 다음과 같아.

1. 지리적 위치
지리적 인접성은 문화 지역 형성에 큰 영향을 끼친다. 비슷한 기후나 지형에서 생활하는 사람들은 생태 환경에 맞게 비슷한 생활 양식을 발전킨다. 예를 들어, 중동 지역의 사람들은 건조한 기후에 적응하기 위해 사막과 오아시스 중심의 생활 방식을 공유하게 되었다.

2. 역사적 연대
오랜 시간 동안 역사적으로 밀접한 관계를 맺으며 형성된 문화적 공통점도 있다. 예를 들어, 동아시아의 중국, 한국, 일본은 서로에게 영향을 주고받으며 유교와 불교 같은 공통의 문화적 가치를 발전시켰다.

3. 종교와 신념
특정 종교나 철학적 전통이 공유되는 지역은 자연스럽게 같은 문화적 특징을 가지게 된다. 예를 들어, 이슬람교를 중심으로 한 중동과 북아프리카 지역은 종교적 가치를 중심으로 문화 지역을 형성했다.

4. 정치와 제도
국가 간 정치적 연대나 식민 지배와 같은 영향도 문화 지역을 형성하는 데 기여했다. 예를 들어, 아프리카 국가들의 현대 문화는 유럽의 식민 지배와 관련된 요소들을 포함하고 있다.

새로운 것 배우기 4단계: 원리 이해

나
그렇군. 문화 지역에 관한 개념과 이치를 알겠어. 이제 문화 지역에 관한 원리를 알고 싶어. 실생활의 예를 들어 설명해 줘.

멜리츠 사회쌤
문화 지역의 원리는 비슷한 지리적, 역사적, 종교적, 경제적, 언어적 조건을 공유하는 사람들이 공통된 문화를 발전시키고 이를 통해 특정한 문화적 정체성을 갖게 된다는 거야. 이 원리를 설명하기 위해 실생활의 몇 가지 예를 들어 볼게.

1. 동아시아 문화권
- 원리: 중국의 역사적 영향과 유교, 불교 등의 사상 및 한자 문화가 공통적인 기반을 형성한다.
- 실생활의 예: 한국, 일본, 중국 모두 설날, 추석 같은 전통 명절을 기념하고, 경로사상(노인을 공경하는 사상)이 사회 전반에 퍼져 있다. 또한 한자나 비슷한 글자를 공유하는 등의 특성을 보인다.

2. 이슬람 문화권
- 원리: 종교인 이슬람교를 공유하며, 기도, 금식, 자선 등의 종교적 규율을 지킨다.
- 실생활의 예: 중동과 북아프리카 국가들은 이슬람의 신성한 달인 라마단 기간에 금식을 실시하며, 할랄 음식(이슬람의 식단 규율을 준수한 음식)을 먹는 공통적인 관습이 있다.

3. 서양 문화권
- 원리: 그리스-로마 시대부터 이어져 온 철학과 예술, 기독교의 영향이 주요 문화적 특징을 형성한다.
- 실생활의 예: 유럽과 북미 지역에서는 크리스마스와 부활절 같은 기독교 관련 기념일을 공통적으로 기념하고, 개인주의적 사고방식이 사회 전반에 퍼져 있다. 또한 다양성과 개방성을 존중하는 경향이 있어서 상호 이해와 협력을 추구하는 문화적인 가치를 가지고 있다.

새로운 것 배우기 5단계: 비교 및 분류 분석

나
세계적으로 문화 지역은 어떻게 구분이 될까?

멜리츠 사회쌤
세계적으로 문화 지역은 지리적으로 인접한 국가들이 공유하는 문화적 요소와 특징에 기반하여 크게 구분할 수 있어. 일반적인 문화 지역의 구분은 다음과 같아.

1. 서양 문화권
- 지역: 유럽, 북미, 오세아니아
- 특징: 그리스-로마 전통, 기독교, 서양 철학과 예술, 개인주의
- 국가: 미국, 캐나다, 영국, 독일, 호주, 뉴질랜드 등

2. 동아시아 문화권
- 지역: 동아시아
- 특징: 유교, 불교, 한자 문화, 집단주의
- 국가: 중국, 일본, 한국, 대만 등

~~~~~~

8. 오세아니아 문화권
- 지역: 오세아니아
- 특징: 서구화된 문화와 폴리네시아, 멜라네시아의 토착 문화 혼합
- 국가: 호주, 뉴질랜드, 피지 등

이러한 문화 지역의 구분은 역사적, 종교적, 언어적 요소에 기반해 대략적인 범주를 나눈 것으로, 일부 지역은 다양한 문화가 섞여 있어 하나의 문화 지역으로 분류하기 어려운 경우도 있으니 참고해 줘.

새로운 것 배우기 6단계: 연결하기

연결하기에서는 교과서에 등장하는 문화경관이라는 개념 확장을 따라서 프롬프트를 만들었다. 수학과 달리 사회 과목은 교과서가 개념적 확장이나 비교, 분류 등에 따라 자세히 만들어져 있어 학습하기가 더 수월하다.

나
문화 지역에 따라서 문화경관이 다르게 나타나는 것일까?

멜리츠 사회쌤
맞아, 문화 지역에 따라 문화경관이 다르게 나타나. 문화경관은 특정 지역의 문화와 생활양

식이 반영된 풍경, 건축물, 경작지 등 인간의 활동과 환경이 결합하여 형성된 것을 의미해. 이는 문화 지역의 특성에 따라 독특하게 나타나며, 그 지역의 지리적, 역사적, 사회적 요소들이 반영되어 있어.
몇 가지 예를 들어 볼게.

1. 서양 문화권
- 도시 경관: 유럽의 고딕, 르네상스, 바로크 양식의 건축물, 교회, 성곽 등이 주로 나타나며, 북미에서는 그리드형(격자형) 도시 구조가 주로 나타난다.
- 농촌 경관: 넓은 목초지와 곡물 경작지, 농장 등이 펼쳐져 있다.

2. 동아시아 문화권
- 도시 경관: 전통적인 목조 건축, 사찰, 궁궐, 한자나 한글 간판 등이 포함된다.
- 농촌 경관: 계단식 논, 차밭, 논밭이 주로 나타나며, 대나무 숲이나 산이 주변에 있다.

~~~~~~

6. 오세아니아 문화권
- 도시 경관: 서구식 현대 도시와 원주민 문화가 혼합된 건축 양식
- 농촌 경관: 열대 섬의 농업 지대와 폴리네시아 전통 마을

이렇듯 각 문화 지역에 따라 문화경관이 달라지는 것은, 해당 지역의 지리적, 역사적, 종교적 요소들이 인간의 생활양식과 밀접하게 연결되어 있기 때문이야.

새로운 것 배우기: 7단계 확장하기

 나
문화 지역마다 나타나는 현상을 비교하고 싶어. 아프리카 초원 지역과 알프스 산지에서 소식을 전할 때 사용된 전통 악기가 무엇이며 다른 이유는 무엇일까?

멜리츠 사회쌤
아프리카 초원 지역과 알프스 산지에서 소식을 전할 때 사용된 전통 악기를 비교해 보자. 두 지역의 악기는 환경, 지리적 특성, 생활 방식에 맞춰 발달되었어.

1. 아프리카 초원 지역:
- 악기: 드럼(젬베, 두눈, 토킹 드럼 등)
- 역할: 아프리카 전통 드럼은 주로 소식을 전달하거나 의식에서 리듬을 형성하는 데 사용됐다. 특히 토킹 드럼은 음정을 조절해 소리를 낼 수 있어서 사람들의 말을 흉내 내어 특정한 메시지를 전달할 수 있었다.
- 이유: 드럼은 넓은 초원 지역에서 사람들의 소리를 멀리까지 전달하는 데 유용했고, 리듬과 음의 조합을 통해 소통하는 방식이 발달했다.

2. 알프스 산지:
- 악기: 알프호른
- 역할: 알프호른은 알프스 산지의 목동들이 사용하던 전통 악기로, 산악 지형에서 멀리까지 소리를 전달해 소와 양을 돌보거나 목동 간의 신호를 주고받는 데 사용되었다.
- 이유: 알프스 산지는 산세가 험해 목소리로 소식을 전하기 어려웠으나 긴 나무로 만든 알프호른은 넓은 산간 지역에 소리가 울려 퍼져 신호를 쉽게 주고받을 수 있었다.

두 지역에서 악기가 다른 이유는 지리적 특징과 지역의 생활 방식에 따른 환경적 필요 때문이야. 드럼은 초원에서 리듬을 통해 소통하기 좋았고, 알프호른은 산간 지대의 음향 특성에 맞게 소리를 울리며 신호를 전하는 데 효과적이었지.

 나
아프리카에서 사용하는 드럼 사진을 보여 줘.

 멜리츠 사회쌤
이 그림은 아프리카의 다양한 지역에서 사용되는 전통 드럼들을 보여 줘. 앞에 보이는 젬베, 두눈, 토킹 드럼은 각각 아프리카의 다양한 문화에서 중요한 역할을 해.

챗GPT 활용의 장점은 시각화할 수 있다는 것이다. AI는 학습자가 원하는 그림을 그리거나 인터넷에 있는 그림을 찾아서 링크를 제공해 줄 수도 있다. 특별히 사회 과목은 여러 시각 자료가 학습에 큰 도움이 된다. 교과서에 나와 있는 그림으로는 정확한 이해가 어려울 수 있다. 이런 점에서 AI는 인쇄된 교과서의 단점을 보완해 주거나 더 나아 가서 다른 형태의 교과서 역할을 한다.

나
문화 지역이 다양한 기준에 의해서 만들어진다면 여러 가지 분류 방법이 있겠군. 예를 들어서 가옥 구조에 따른 구분, 주식의 종류에 따른 구분 등.

멜리츠 사회쌤
맞아, 문화 지역은 다양한 기준에 따라 여러 가지 방식으로 분류할 수 있어. 가옥 구조나 주식 종류 등 일상생활과 관련된 기준들도 흥미로운 분류 방법이 될 수 있어. 대표적인 분류 기준을 몇 가지 소개할게.

1. 가옥 구조
   기후와 지형에 따른 구분
   - 열대 지역: 지붕을 높이 띄우고 통풍이 잘 되도록 설계된 파푸아뉴기니의 팔라파 가옥, 동남아의 목조 가옥 등
   - 한랭 지역: 이글루와 같은 북극의 얼음 집, 유목민들이 쓰는 게르와 같은 천막형 가옥 등
   - 열대 지역: 중동의 진흙 벽돌로 지은 가옥, 사하라의 토착 천막 가옥 등

~~~~~~

4. 언어와 문자
   - 한자 문화권: 중국, 한국, 일본 등이 한자를 공유하며 사용
   - 로마자 문화권: 유럽, 아메리카 대부분의 국가들이 로마자를 사용
   - 아랍어 문화권: 중동과 북아프리카 대부분의 지역에서 아랍어가 공식 언어

이러한 다양한 분류 기준은 각 문화 지역이 어떻게 다른지 더 명확하게 이해하는 데 도움이 돼. 분류 기준에 따라 서로 다른 특징과 공통점을 발견할 수 있지.

챗GPT의 또 다른 기능은 표로 정리하는 능력이다. 글로 정리된 것을 표로 정리해 달라고 명령하면 다음과 같이 표로 정리하여 제공한다. 이 표는 문서 기능 프로그램이나 엑셀 또는 구글의 스프레드시트와 연동해 사용할 수 있다.

나
위 내용을 표로 작성해 줘.

멜리츠 사회쌤
남부아시아 문화 지역의 언어 분류를 표로 만들어 볼게.

국가	공용어	기타 주요 언어
인도	힌디어	벵골어, 텔루구어, 타밀어, 마라티어, 구자라트어, 칸나다어 등
파키스탄	우르두어	펀자브어, 파슈토어, 신디어, 발루치어 등
방글라데시	벵골어	-
네팔	네팔어	지역별 다양한 언어
스리랑카	싱할라어, 타밀어	-
부탄	종카어	-

이렇게 보면 남부아시아는 각 국가마다 주요 언어가 있지만 다양한 지역어와 민족어가 존재하여 언어적 다양성이 풍부한 지역임을 알 수 있어.

새로운 것 배우기 8단계: 통찰력 이끌어 내기

 나
사회경제적 환경에 의해서도 문화 차이가 나타나겠군. 같은 지중해성 기후인 스페인과 모로코가 돼지고기 섭취 유무에 따라 다르게 나타나는 것처럼 말이야.

 멜리츠 사회쌤
맞아, 사회경제적 환경이나 종교적 요인에 따라 문화적 차이가 크게 나타날 수 있어. 특히 스페인과 모로코는 지중해성 기후를 공유하고 있지만, 돼지고기 섭취에 대해 상반된 문화적 태도를 보여줘.

1. 스페인
- 사회적 환경: 유럽의 서쪽에 위치한 스페인은 주로 기독교 문화권에 속해 있다.
- 식문화: 스페인에서는 돼지고기 섭취가 일반적이고 다양한 요리에 사용한다. 특히 하몽(Jamon)이라는 건조한 햄과 초리조(Chorizo) 같은 돼지고기 소시지가 대표적이다.

2. 모로코
- 사회적 환경: 북아프리카에 위치한 모로코는 이슬람교가 사회의 지배적인 종교이다.
- 식문화: 이슬람교의 교리에 따라 돼지고기는 '하람(금지된 것)'으로 간주되어 섭취하지 않고 대신, 양고기, 소고기, 가금류 등이 주된 육류로 소비된다.

이러한 차이의 이유
- 종교: 종교적 규율은 식습관에 큰 영향을 미쳐서 이슬람교에서는 돼지고기를 금지하고 있지만, 기독교 문화권에서는 금기시하지 않는다.
- 사회경제적 요인: 농업 생산의 차이도 식습관에 영향을 미치는데, 양고기와 소고기가 쉽게 구할 수 있는 모로코와 달리 스페인은 다양한 고기를 즐기는 경향이 있다.

이렇듯 같은 기후 환경을 가지고도 사회경제적 환경과 종교에 따라 문화적 차이가 생길 수 있어.

 나
그렇다면 두 국가는 자연환경이 같아도 문화경관이 다르다고 말할 수 있나?

멜리츠 사회쌤
맞아, 스페인과 모로코는 비슷한 지중해성 기후를 공유하지만, 문화경관이 상당히 다르게 나타나. 이는 두 국가의 종교, 역사, 사회경제적 요인에 의해 문화가 다르게 발달했기 때문이야.

1. 종교적 영향:
- 스페인: 기독교 문화권에 속해 성당, 수도원, 십자가와 같은 기독교 건축물이 도시와 시골 곳곳에 있다.
- 모로코: 이슬람 문화권에 속해 모스크(이슬람 사원), 미너렛(첨탑), 수쿠(전통 시장) 등이 문화경관을 형성했다.

~~~~~~

4. 공간 구조:
- 스페인: 정교하게 설계된 광장(플라자)과 유럽식 도시 구조가 흔하며, 대부분의 도시들이 현대식으로 개발되어 있음.
- 모로코: 구시가지 메디나가 중심이 되는 전통적 도시 구조와 수쿠 중심의 공간 배치가 주를 이룸.

새로운 것 배우기 9단계: 전이하기

 나
이러한 문화 차이는 비즈니스에도 사용될 수 있겠군. 문화 차이를 고려한 어린이 인형의 판매 전략도 만들 수 있겠어. 문화 지역에 따른 판매 전략을 설명해 줘.

 멜리츠 사회쌤
문화 차이는 다양한 제품의 마케팅 전략에 영향을 미치는데, 특히 어린이 인형 같은 제품을 판매할 때 문화 지역의 특징을 이해하는 것이 중요해. 각 문화 지역의 전략을 살펴보면,

1. 북미 및 유럽:
- **다양성 강조**: 이 지역은 다문화와 개인주의를 중시하기 때문에 다양한 피부색과 헤어 스타일, 옷차림을 가진 인형을 선호한다.
- **액세서리와 스토리**: 인형과 함께 다양한 직업, 취미, 캐릭터 배경 스토리를 만들어 주면 아이들이 더 재미있게 가지고 놀 수 있다.
- **미디어 연계**: 유명한 애니메이션이나 영화와 연계해 인형을 출시하는 것도 효과적이다.

~~~~~~

5. 아프리카:
- **지역별 다양성**: 아프리카의 다양한 민족과 문화를 반영해 다양한 외모와 옷차림을 가진 인형을 제작하는 것이 중요하다.
- **실용성 강조**: 인형에 의상, 장난감, 학습 도구를 포함시켜 놀이와 학습을 동시에 즐길 수 있도록 만드는 것도 좋다.

이렇게 문화적 차이를 반영한 판매 전략을 사용하면 각 지역의 부모와 아이들의 선호를 더 잘 파악하고, 제품을 성공적으로 마케팅할 수 있어.

나
이러한 문화적인 차이를 고려하며 인형을 만들 때, 같은 인형에도 인도와 미국의 지역에서 다른 의상으로 출시해야겠네. 그림으로 각각 그려 줘.

멜리츠 사회쌤
이 그림에서는 인도와 미국의 의상을 입은 인형이 나란히 서 있어.
인도의 인형은 전통 의상인 화려한 사리와 액세서리를 착용하고 있고, 미국의 인형은 현대적인 청바지와 티셔츠를 입고 있어.
이렇게 각 문화 지역에 맞춰 인형을 만들면 더 많은 아이들에게 친숙하게 다가갈 수 있어.

나
기업에서도 문화 차이를 모르면 어려움을 겪을 수 있겠어. 그런 예를 알려 줘.

 멜리츠 사회쌤
문화적 차이를 이해하지 못하면 의사소통의 오해, 제품 불매, 현지 시장에서의 어려움 등 여러 문제가 생길 수 있어. 몇 가지 사례를 소개할게.

1. 맥도날드와 인도
- 문제: 맥도날드는 인도 시장 진출 초기에 주력 메뉴인 소고기 햄버거를 제공했지만, 인도에서는 소고기가 힌두교의 금기 식품이었다.
- 해결책: 결국, 맥도날드는 인도에 맞게 소고기를 사용하지 않고 채식 메뉴와 닭고기 햄버거를 제공하는 전략으로 바꿨다.

2. 포드와 브라질
- 문제: 포드는 브라질에서 "피에스타(Fiesta)" 모델의 새 자동차를 Nova로 명명해 출시했는데, 스페인어로 Nova는 "움직이지 않는다"라는 뜻으로 해석될 수 있었다.
- 결과: 이름이 부정적인 의미로 이해되어 판매량이 저조했고, 결국 이름을 변경했다.

3. 펩시와 중국
- 문제: 펩시가 중국 시장에서 "Pepsi Brings You Back to Life"라는 마케팅 슬로건을 사용했는데, 중국어로 번역하면 "펩시가 당신을 무덤에서 살려낸다"라는 의미가 됐다.
- 결과: 이로 인해 브랜드 이미지에 혼란을 주면서 펩시는 슬로건을 변경해야 했다.

4. 켈로그와 인도
- 문제: 켈로그가 인도 시장에 진출하며 시리얼을 홍보했는데, 인도 사람들은 아침에 따뜻한 식사를 선호했기 때문에 차가운 우유와 함께 먹는 시리얼에 거부감을 느꼈다.
- 결과: 인도의 현지 식사 문화에 맞게 제품을 현지화하는 데 집중했다.

~~~~~~

이러한 사례에서 보듯이 문화 차이에 대한 이해는 기업이 현지 시장에서 성공하는 데 필수적이야. 제품, 마케팅 전략, 의사소통 방식 등을 현지 문화에 맞게 조정하는 것이 중요하지.

새로운 것 배우기 10단계: 평가하기

 나
이제 문화 지역에 관한 충분한 학습이 이루어진 것 같아. 내가 이 단원을 잘 이해했는지 확인할 수 있도록 문제를 출제해 줘. 객관식 5문항, 주관식 5문항으로 만들어 줘. 완전 학습이 될 수 있도록 모든 내용을 포함해 줘.

 멜리츠 사회쌤
문화 지역에 대한 완전 학습을 위해 객관식과 주관식의 문제를 출제해 줄게. 객관식은 선택지를 통해 정확한 이해도를 확인하고, 주관식은 생각을 표현하는 데 도움이 될 거야.

객관식 문제

1. 문화 지역에 대한 설명으로 옳지 않은 것은?
   A) 지리적으로 인접한 국가들이 비슷한 문화적 특징을 공유하는 지역.
   B) 언어, 종교, 생활양식 등을 고려하여 구분할 수 있다.
   C) 문화 지역은 고정되어 있으며 시간이 지나도 변하지 않는다.
   D) 세계화에 의해 문화 지역 간의 경계가 점차 모호해지고 있다.

2. 다음 중 이슬람교를 중심으로 한 문화 지역에 해당하지 않는 국가는?
   A) 이란
   B) 인도네시아
   C) 사우디아라비아
   D) 에티오피아

3. 인도에서 가장 널리 사용되는 언어는 무엇인가?
   A) 타밀어
   B) 힌디어
   C) 영어
   D) 펀자브어

4. 아프리카 초원의 지역에서 소식을 전하는 데 사용되었던 전통 악기는 무엇인가?
   A) 탐탐
   B) 디제리두
   C) 플룻
   D) 칼림바

5. 문화변용에 대한 설명으로 옳은 것은?
   A) 한 문화 집단이 다른 집단의 문화에 완전히 동화되는 것
   B) 문화적 요소가 교류하여 변형되는 것
   C) 한 문화가 고유한 특징을 유지하며 다른 문화와 격리되는 것
   D) 문화적 요소를 거부하고 저항하는 것

주관식 문제
1. 문화 지역의 개념을 설명하고, 동아시아 문화권이 공유하는 특징에 대해 서술하시오.

2. 문화경관이란 무엇인지 정의하고, 알프스 산지와 아프리카 초원의 지역의 문화경관이 어떻게 다른지 비교하시오.

3. 문화적 차이를 고려한 어린이 인형의 마케팅 전략을 수립할 때 어떤 요소를 고려해야 하는지 설명하시오.

4. 세계화에 의해 문화 지역 간 경계가 모호해지는 현상이 나타나고 있다. 이러한 현상이 사회에 끼칠 수 있는 긍정적 영향과 부정적 영향에 대해 서술하시오.

5. 기업이 문화 차이를 이해하지 못해 어려움을 겪는 사례가 있다. 이 문제를 예방하기 위해 기업이 할 수 있는 노력을 설명하시오.

이 문제들을 풀면서 각 문항이 제시하는 내용과 관련된 정보를 다시 한번 떠올려보면 학습 내용을 더욱 확실하게 이해할 수 있을 거야!

PART. 3

활용

AI를 활용한 다양한 활동_ 경건 생활, 웹툰 및 작사·작곡

멜리츠 수험생 묵상 및 자기관리 바로가기

[07]

챗봇으로 묵상과 자기관리 하기

성경묵상봇은 사용자의 영적 성장을 돕는 디지털 목회자 역할을 하는 인공지능이다. 사용자가 원하는 주제나 성경 구절을 중심으로 QT(Quiet Time) 콘텐츠를 작

성하며, 한국어 개역개정판 성경을 기반으로 신학적 해석과 현대적 적용을 제공한다. 성경 말씀, 해석 및 적용, 찬양 추천, 묵상을 위한 질문, 맞춤형 기도문 등으로 구성되어 있다.

사용자가 질문을 할 때는 자신의 나이나, 상황 그리고 원하는 주제를 입력한다. 그러면 개인에게 맞는 묵상 말씀과 내용을 만들어 제공한다. 이러한 방법은 현재 사용자가 원하는 내용과 눈높이에 맞추어 답변함으로써 사용자의 영적인 니즈를 지원한다. 학생들이 공부를 하다가 영적 경건 생활을 소홀히 하거나, 바쁜 생활 때문에 개인적 신앙 생활을 놓치는 경우가 있다면 이 때 성경 묵상봇이 공부뿐만 아니라 신앙생활에서도 도움을 제공할 수 있다. 성경묵상 챗봇을 이용하는 방법을 살펴 보자.

성경 묵상봇으로 경건 생활하기

나
챗봇의 사용법을 알려 주세요.

멜리츠 수험생 묵상 및 자기관리
안녕하세요! 저는 시험 준비와 영적 성장을 도와드리는 멜리츠 수험생 묵상 및 자기관리 도우미입니다. 제 사용법은 간단합니다. 아래 단계를 참고하세요.

1. 시험 정보 제공하기
　대화 시작 시, 준비 중인 시험과 시험일, 오늘 날짜를 알려 주세요.
　예: "대학 수능을 준비 중이고, 시험일은 12월 10일입니다. 오늘은 12월 5일이에요.

　그럼 제가 남은 기간을 계산해 매일 맞춤 묵상과 학습 계획을 제공합니다.

2. 하루 묵상과 계획 확인하기

제가 제공하는 내용은 다음과 같습니다:
- 묵상 제목: 그날 묵상의 주제
- 성경 말씀: 복음주의 신학, 언약 신학, 개혁주의 신학에 기반한 성경 구절
- 묵상 내용: 동기부여와 격려의 메시지
  실패와 스트레스 관리에 대한 위로
- 기도문: 오늘을 시작하며 드리는 기도
- 학습 계획: 간단한 오늘의 학습 목표 확인
- 건강 관리 제안: 마음챙김, 감사 일기 작성, 건강 체크리스트 등

3. 매일 참여하기

매일 접속해 묵상을 읽고, 기도문으로 하루를 시작하세요.
학습 목표를 체크하고, 스트레스 관리와 건강에 도움이 되는 활동도 실천해 보세요.

4. 필요할 때 도움 요청하기

스트레스를 느끼거나 질문이 있으면 저에게 알려 주세요. 상황에 맞는 격려와 조언을 드립니다.
예: "오늘 공부가 너무 힘들어요."
응답: 위로와 함께 다시 집중할 수 있도록 돕는 내용 제공

목표는 시험일까지 지속적으로 묵상과 계획을 실천하며 학습과 영적 성장을 함께 이루는 것입니다.
시작하려면, 준비 중인 시험과 시험일, 오늘 날짜를 알려 주세요!

본격적인 활용을 위해서 개인의 현재 상황을 넣어 보자.

 나
나는 고3이야. 내일이 수능인데 위로의 말씀으로 묵상을 하고 싶어.

멜리츠 수험생 묵상 및 자기관리

묵상의 제목: "주는 나의 힘이요, 방패이십니다"

> **오늘의 성경 말씀**
> "너희 염려를 다 주께 맡기라 이는 그가 너희를 돌보심이라"(베드로전서 5:7).
> "여호와는 나의 빛이요 나의 구원이시니 내가 누구를 두려워하리요 여호와는 내 생명의 능력이시니 내가 누구를 무서워하리요"(시편 27:1).

오늘의 묵상
수능을 하루 앞둔 지금, 긴장과 부담감으로 마음이 무거울 수 있습니다. 그러나 하나님은 당신의 모든 염려와 두려움을 아시며, 그것을 기꺼이 맡아 주시겠다고 약속하셨습니다. 오늘의 말씀처럼, 우리를 돌보시는 하나님의 사랑과 능력은 한순간도 멈추지 않습니다. 하나님은 당신의 힘과 방패가 되셔서 시험을 준비한 모든 수고와 노력을 가장 좋은 길로 인도하실 것입니다.

내일 시험장에서 무언가 잘못될까 두렵다면, 이미 당신이 걸어온 길을 돌아보세요. 하나님께서 여기까지 이끄셨고, 앞으로도 함께하실 것입니다. 시험은 결과가 아니라 과정의 연속입니다. 당신의 미래는 하나님의 손안에 있으며, 실패조차도 하나님의 섭리 가운데 있음을 기억하세요.

오늘의 기도문
하나님 아버지, 수능을 하루 앞둔 제 마음에 평강을 허락해 주옵소서. 저를 돌보시는 주님께 제 모든 염려를 맡깁니다. 시험장에서 제가 두려움이 아닌 믿음으로 서게 하시고, 준비한 모든 것을 잘 풀어낼 수 있도록 도와주시옵소서. 결과와 상관없이 제 삶을 인도하실 주님을 신뢰합니다. 주님께 영광 돌리며 하루를 보내게 해 주시옵소서. 예수님의 이름으로 기도드립니다. 아멘.

오늘의 학습 및 준비 계획
내일 필요한 수험표, 신분증, 준비물을 점검하세요.
간단한 개념 정리나 시험 요령을 가볍게 복습하세요.
오늘은 무리하지 말고 일찍 잠자리에 들어 충분한 휴식을 취하세요.

건강 관리 및 마음챙김

깊고 느리게 호흡하며 하나님께 감사의 기도를 드려 보세요.
따뜻한 차 한 잔으로 몸과 마음을 편안하게 하세요.
감사한 일 세 가지를 기록하며 긍정적인 마음을 유지해 보세요.

수고 많았습니다. 하나님께서 당신과 함께하시며, 내일도 당신을 붙드실 것입니다.
당신은 결코 혼자가 아닙니다. 힘내세요!

구체적인 자기관리 항목을 확인하고 요청하는 것도 가능하다.

 아래는 제가 제공하는 자기관리 방법의 주요 내용입니다.

1. 정신적 건강 관리

마음챙김 연습: 간단한 호흡법이나 집중력을 높이는 명상을 안내합니다.
감사 일기 작성: 하루 중 감사했던 일 3가지를 떠올리고 적어 보세요. 감사의 마음이 스트레스를 완화하고 긍정적인 태도를 유지하도록 도와줍니다.

2. 신체적 건강 관리

건강 체크리스트: 학습 중에도 신체 건강을 유지할 수 있도록 기본적인 관리 목록을 제공합니다.

3. 영적 건강 관리

기도와 묵상 유도: 매일 하나님의 말씀을 묵상하며 마음의 평안을 얻도록 돕습니다.
성경 말씀 중심의 위로와 격려: 영적인 고민이나 불안감을 극복할 수 있도록 성경 구절과 응원의 메시지를 제공합니다.

4. 성취 및 보상 제안

작은 목표 설정과 보상: 하루 학습 목표를 이루었을 때 스스로 보상을 주도록 제안합니다.

멜리츠 Webtoon 바로가기

[08]

멜리츠 Webtoon으로
웹툰 만들기

멜리츠 webtoon

챗GPT를 활용해 추가로 할 수 있는 다양한 활동들을 소개하고자 한다. 먼저 웹툰을 만들어 보자. 챗GPT 탐색기에서 '멜리츠 webtoon'을 검색해 실행하고 '웹툰의 기획과 설정을 해요'를 클릭한다.

멜리츠 webtoon

작성자: SANGUK MA

웹툰을 위한 스토리, 캐릭터, 주제 만들기를 합니다.

- 웹툰의 기획과 설정을 해요
- 웹툰의 스토리를 구성해요
- 웹툰 작화로 주인공을 만들어요
- 콘티를 제작해요

멜리츠 webtoon에게 메시지를 작성하세요.

1. 웹툰의 기획과 설정을 요청하기

 멜리츠 webtoon
웹툰의 기획과 설정을 위해 우선 다음의 질문들에 대해 생각해 보세요.

- **주제**: 웹툰에서 다루고 싶은 주제는 무엇인가요? (예: 복수, 로맨스, 성장, 모험 등)
- **장르**: 어떤 장르로 설정할지 결정해 보세요. (예: 판타지, 액션, 로맨스, 코미디 등)
- **세계관**: 스토리가 전개될 배경 세계를 생각해 보세요. 현대 도시인가요, 미래의 디스토피아 세계인가요, 아니면 중세 판타지 세계인가요?
- **주인공 및 등장인물**: 주인공과 주요 등장인물의 이름, 외모, 성격, 배경을 생각해 보세요.
- **스토리 구조**: 웹툰의 전체적인 스토리 흐름을 고려해 보세요. 시작(계기), 전개(갈등), 절정, 결말 등 기승전결로 나누어 각 단계에서 어떤 사건들이 일어날지 간략하게 계획해 보세요.

멜리츠 웹툰봇을 사용하여 간단한 아이디어부터 시작해 시놉시스, 콘티 등을 제공할 수 있다. 예시로 간단한 아이디어를 만들어 보자. 다음은 멜리츠 웹툰이 직접 제시한 아이디어이다. 이어서 시놉시스를 만들자.

2. 간단한 아이디어 예시 요청하기

 멜리츠 webtoon
예시로 아이디어를 제공해 드릴게요.

- **주제**: 정의와 복수
- **장르**: 스릴러
- **세계관**: 현대의 범죄 도시
- **주인공**: 김태훈 (전직 형사, 지금은 사설탐정)

- 주요 등장인물:
  최민우 (태훈의 전 파트너이자 현재는 범죄 조직에 잠입한 형사)
  김수현 (태훈의 여동생이자 진실을 파헤치려는 기자)
- 스토리 구조:
  - 기: 태훈은 범죄 조직의 함정에 빠져 경찰직을 박탈당하고 동생을 잃는다. 민우가 새로운 파트너로 합류한다.
  - 승: 민우와 태훈은 조직에 대한 증거를 수집하며 복수의 계획을 세우고 두 사람은 한층 가까워진다.
  - 전: 그들의 계획이 발각되어 민우가 인질로 잡히게 되고, 태훈은 이를 구하기 위해 위험에 뛰어 든다.
  - 결: 태훈과 민우가 함께하여 조직의 수장을 물리치고 정의를 세우지만, 두 사람은 각자의 길을 걷는다.

3. 만든 이야기로 시놉시스 요청하기

 멜리츠 webtoon

시놉시스:
전직 형사 김태훈은 거대한 범죄 조직의 음모에 빠져 경찰직을 잃고, 그 과정에서 소중한 여동생을 잃는다. 스스로의 무력함에 절망한 그는 경찰직을 떠나 사설탐정으로 전업한다. 한때 태훈의 파트너였던 형사 최민우는 범죄 조직에 잠입하여 정보를 제공하며, 태훈에게 언젠가 다시 손을 잡을 것을 제안한다.
~~~~~~

결국 태훈과 민우가 손을 잡아 조직의 수장을 물리치고, 복수와 정의를 이루어 낸다. 그러나 각자의 길을 걷기로 한 두 사람은 서로에게 고마움과 작별을 전한다. 조직을 무너뜨렸음에도 불구하고 태훈은 어두운 밤거리를 홀로 떠돌며 또 다른 일을 준비한다.

4. 시놉시스를 바탕으로 기승전결 요청하기

 멜리츠 webtoon

기 (시작)
김태훈은 신뢰하던 동료의 배신으로 인해 범죄 조직의 함정에 빠져 경찰직을 잃는다. 이로 인해 동생 수현을 잃은 태훈은 충격으로 괴로워하고, 사설탐정으로 전업한다.
최민우는 태훈의 전 파트너로, 범죄 조직에 잠입하여 수사 중이다. 그는 태훈에게 연락해 다시 힘을 합칠 것을 제안한다. 태훈은 동생의 죽음에 대한 복수심에 민우와 손을 잡고 조직에 잠입하기로 결심한다.

~~~~~~

전 (위기)
태훈과 민우의 움직임이 들키게 되어 조직은 민우를 붙잡고 태훈을 협박한다. 태훈은 민우를 구하기 위해 위험을 무릅쓰고 조직의 본부에 잠입한다. 민우와 태훈은 서로의 목숨을 구해 내며 치열한 접전을 벌이게 된다.

결 (결말)
태훈과 민우는 결국 조직의 수장을 물리치고 정의를 이루어 낸다. 그러나 두 사람은 서로에게 작별을 고하며 각자의 길을 걷기로 결심한다. 태훈은 복수를 했음에도, 여전히 지난 일에 미련과 복수심을 품는다.

5. 흐름을 파악할 수 있는 컷 장면 콘티 요청하기

 멜리츠 webtoon

첫 번째 컷 (기)
- 장면: 김태훈이 어두운 도시의 뒷골목에서 조용히 담배를 피우고 있다. 배경에는 경찰 신분증과 여동생의 사진이 함께 놓여 있다.

- 대사: (태훈의 독백) "복수... 내가 잃어버린 모든 것을 되찾겠다."

두 번째 컷 (승)
- 장면: 최민우가 태훈에게 자료를 건네며 이야기하는 장면. 그들은 술집 안쪽 방에서 은밀하게 만나고 있다.
- 대사: (민우) "정보는 여기 다 있어. 이 조직을 뒤엎는 일에 네가 반드시 필요해."
- 대사: (태훈) "이번엔 절대 놓치지 않을 거야."

세 번째 컷 (전)
- 장면: 조직의 수장과 대치하는 장면. 최민우는 포박된 채로 옆에 쓰러져 있고, 태훈은 조직원들에게 둘러싸인 상태. 긴장이 가득한 순간, 태훈은 총을 겨누고 있다.
- 대사: (조직의 수장) "넌 나를 이길 수 없어."
- 대사: (태훈) "난 이미 포기할 게 없어."

네 번째 컷 (결)
- 장면: 마지막 전투가 끝나고, 태훈이 조직의 수장을 무릎 꿇린 뒤 민우를 구출한다. 태훈과 민우는 도시의 모퉁이에서 멀리 보이는 조직의 건물이 불타는 모습을 지켜본다.
- 대사: (민우) "이제 우리 앞의 길을 가야 해."
- 대사: (태훈) "그래, 또 볼 일 없기를."

6. 첫 번째 컷의 세부적인 장면을 연출해 달라고 요청하기

 멜리츠 webtoon
첫 번째 컷을 세부적으로 연출해 볼게요.

- **배경:**
  어둡고 좁은 도시의 뒷골목, 사방은 낡은 건물들로 둘러싸여 있으며 곳곳에 쓰레기가 쌓여 있다. 빛이 거의 닿지 않는 가로등 불빛이 거리를 희미하게 밝히고 있다.

- 인물
 김태훈은 어깨를 움츠린 채로 낡은 벽에 기대어 앉아 있다. 어두운 트렌치코트를 입고 있으며, 형사 면허증과 여동생의 사진을 든 주먹에 힘을 쥐고 있다. 그의 주위는 담배 연기로 가득하며, 땅바닥에 버려진 담배꽁초들이 흩어져 있다.

- 소품
 바닥에는 담배꽁초와 흩뿌려진 자료들이 나뒹굴고, 흔들리는 앵글로 촬영한다. 도시 불빛이 주인공의 눈썹을 붉게 빛추고 여동생의 사진과 신분증이 강조된다.

- 감정
 태훈의 표정은 담담하고 쓸쓸하다. 눈꼬리는 가라앉아 있지만 결연한 다짐이 엿보인다. 그의 한 손은 자신의 신분증을 쥐고 휴대폰을 받자마자 시름에 빠진 복잡한 눈빛이다.

- 대사
 김태훈의 독백: "드디어 때가 온 것인가? 복수… 내가 잃어버린 모든 것을 되찾겠다. 그리고 모두 갚아 주지."

7. 주인공의 캐릭터 결정하기

이렇게 전체적인 스토리 라인을 만들고 등장하는 인물들의 캐릭터를 결정해 그림으로 표현한다. 기존의 웹툰 제작 과정에서 AI가 할 수 있는 일을 분리하여 지시하는 방식이다.

 멜리츠 webtoon
김태훈의 캐릭터를 결정하기 위해 그의 배경, 성격, 외모, 동기 등을 자세히 살펴보겠습니다.

- 배경
 직업 및 과거: 전직 형사로서 많은 범죄자를 체포한 경력이 있지만, 범죄 조직의 함정에

빠져 경찰직을 잃고 사설탐정으로 전업했다.

- **개인사**
  조직의 배신으로 인해 여동생 김수현을 잃어 복수에 대한 갈망이 강하다.

- **성격**
  - 결단력: 결정적 일에는 흔들림이 없는 강한 결단력을 지니고 있다.
  - 외유내강: 겉보기엔 조용해 보이지만, 범죄자를 잡을 때까지 결코 포기하지 않는다.
  - 이중성: 정의롭고 강한 내면을 가지고 있으나, 여동생을 잃고 난 뒤엔 복수에 대한 강한 충동을 숨기며 살고 있다.
  - 신념: 자신의 방식으로 정의를 실행하는 자아가 강하며, 조직에 대한 복수는 개인적 동기보다는 정의 구현을 위한 필요에서 비롯된다.

- **외모**
  - 체격: 평균 이상의 체격과 단련된 근육을 가졌다. 사건을 다루며 얻은 상처로 인해 곳곳에 흉터가 있다.
  - 복장: 주로 트렌치코트를 입거나, 복수를 되새기며 항상 시계를 착용하고 있다.
  - 표정: 어두운 인상을 주는 눈가에 다크서클이 짙으며, 무성한 수염이 자랐다.

- **동기 및 목표**
  - 목적: 동료와 자신의 몰락에 대한 복수를 하고 조직을 와해시키는 것이 최종 목표이다.
  - 동기: 여동생을 잃은 충격을 적에게 돌려 정의를 펼치는 것과 더 이상 다른 사람들이 같은 경험을 하지 않도록 조직을 완전히 파괴하는 것이 목표다.
  - 목표 이후: 복수를 마친 이후에도 여전히 자신을 지배하는 미련과 상실감에서 벗어나기 위해 떠난다.

8. 캐릭터 프롬프트를 요청해 이미지 생성하기

앞에서 정의된 김태훈 형사의 이미지를 챗GTP는 다음과 같이 표현했다. AI가 직접 만든 김태훈의 캐릭터 프롬프트는 다음과 같다. (영어로 생성된 프롬프트를 우리말로 번역했다.)

어두운 골목길에 김태훈이라는 남자가 벽돌 벽에 기대 서 있습니다.
그는 근육질의 체격을 가지고 있으며, 팔에는 흉터가 보이고, 눈 밑에는 다크서클이 있습니다. 턱에는 까칠한 수염이 나 있고 그의 표정에는 슬픔과 결의가 함께 담겨 강렬하고 단호한 모습입니다. 골목의 희미한 조명 속에서 그의 손에서 피어오르는 담배 연기가 흩날리며, 그의 발 옆 젖은 보도 위에는 경찰 신분증과 여동생의 사진이 놓여 있습니다.

9. 웹툰 주인공 만들기

김태훈의 캐릭터를 웹툰 스타일로 만들라는 명령을 통해서 아래와 같은 웹툰 주인공을 만들 수 있다.

캐릭터가 완성되면 계속해서 다음 장면을 그린다.

10. 다음 컷을 묘사하고 그림으로 그리기

 멜리츠 webtoon
다음 컷이 완성되었습니다. 긴장감 넘치는 대치 상황에서 김태훈이 강력한 결의로 조직의 수장에게 맞서고 있습니다. 주위에 둘러싼 조직원들과 태훈의 포기하지 않는 모습이 극적인 분위기를 잘 보여 주고 있습니다.

11. 그림의 seed 값 정하기

등장 인물들을 계속해서 다른 장면에서도 똑같이 유지하기 위해 그림의 seed 값을 정한다. 만들어진 seed 값을 제공하고 캐릭터를 만들어야 등장인물의 모습을 똑같이 유지할 수 있다.

 나
김태훈 캐릭터의 seed 값을 알려 줘.

 멜리츠 webtoon
김태훈 캐릭터를 묘사한 이미지를 생성할 때 사용된 seed 값은 2634433364입니다. 이 값은 동일한 설정으로 이미지를 생성할 때 도움이 될 수 있어요.

나
다음 이미지를 그려 줘.
seed 값이 2634433364인 김태훈이 결의에 찬 모습으로 운전을 하고 있다.

 멜리츠 webtoon
김태훈이 운전하는 모습이 잘 표현된 것 같습니다.
결의에 찬 표정과 몰입한 그의 태도가 강한 의지를 보여 주고 있네요.

   이와 같이 웹툰을 그리는 데 필용한 기본적인 아이디어와 스토리, 그리고 장면이 설정된 콘티를 글로 만들고 캐릭터의 모습을 그릴 수 있다.

   이렇게 보다 쉽게 자신만의 이야기를 담은 웹툰을 만들고 여러 디자인 툴을 이용해 최종본을 편집할 수도 있다.

다음은 디자인 툴로 편집한 〈형사 김태훈 사건, 정의와 복수 Revenge〉의 완성본이다.

Suno AI 바로가기

[09]

AI로
나만의 노래 만들기

'AI로 작사 · 작곡하기' 활동의 주요 내용

AI를 활용하여 작사 · 작곡하기 활동은 생성형 AI를 사용하여 창의적인 작업을 수행하는 것이다. 이 수업의 목적은 창의성을 발휘하고 기술을 예술적으로 활용하여 음악 창작의 새로운 경로를 탐색하는 것이다. 구체적으로 이 파트에서는 두 가지 다른 생성형 AI를 사용하여 음악을 만드는 활동을 진행한다.

1. 챗GPT를 사용하여 작사하기

먼저 챗GPT를 사용하여 가사를 작성하는 것이다. 챗GPT는 사용자의 입력에 따라 가사를 만들어 내는 데 활용된다. 이를 통해 학생들은 자신의 생각이나 감정을 표현하는 방법을 배우고, 창의적인 글쓰기 기술을 개발한다.

2. Suno.ai를 이용하여 작곡하기

다음 단계는 Suno.ai를 이용하여 작곡을 하는 것이다. Suno.ai는 음악 생성을 위한 AI로, 작사된 가사에 맞춰 멜로디를 자동으로 생성해 준다. 학생들은 이 도구를 사용하여 다양한 음악 장르와 스타일을 실험하고, 자신의 가사에 어울리는 음악을 창조한다.

AI를 통한 음악 창작은 기술과 예술의 경계를 넘나들며, 학생들에게 현대적인 도구를 사용하여 자신만의 음악을 만드는 즐거움을 제공한다. 예술적 감수성뿐만 아니라 기술적 능력도 함께 발전시키는 효과적인 학습 방법이 된다.

'AI로 작곡하기' 활동 순서

1. AI를 활용하여 작곡에 대한 이해하기

AI 도구를 활용한 작곡은 자칫 작곡이라는 작업이 수월하게 이루어지는 하나의 기술력이라고 착각하게 할 수 있다. 작곡을 창작의 종합적인 예술로 인식할 수 있도록 결과물이 어떻게 형성되는지에 대한 과정을 탐구하게 한다.

학생들에게 챗GPT 혹은 코파일럿을 활용하여 작곡의 개념과 작곡이 이루어지는 과정에 대하여 질문하게 하고 각자 찾은 답변을 발표하게 한다.

2. AI를 활용하여 작사하기

AI를 활용하여 청소년들이 좋아할 만한 노래의 주제를 찾아 달라고 하고 각자 작사할 주제를 고른다. 노래의 주제를 정했으면 각자 사용하고 있는 생성형 AI를 활용하여 작사에 대한 프롬프트를 작성하고 실행한다.

3. Suno.ai를 활용하여 작곡하기

1) https://suno.com으로 접속하기

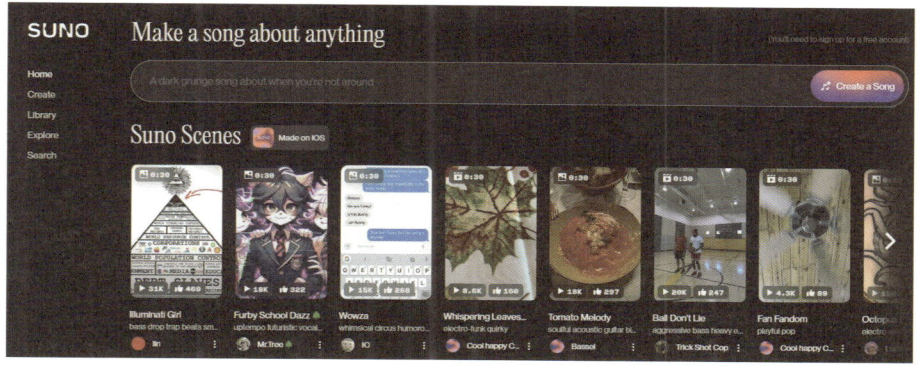

2) 계정 만들기

계정 만들기

3) 곡 만들기

화면 상단의 Creat a Song 버튼을 눌러 작곡을 시작한다. 커스텀 모드는 'On'으로 악기 모드는 'Off'로 설정한다

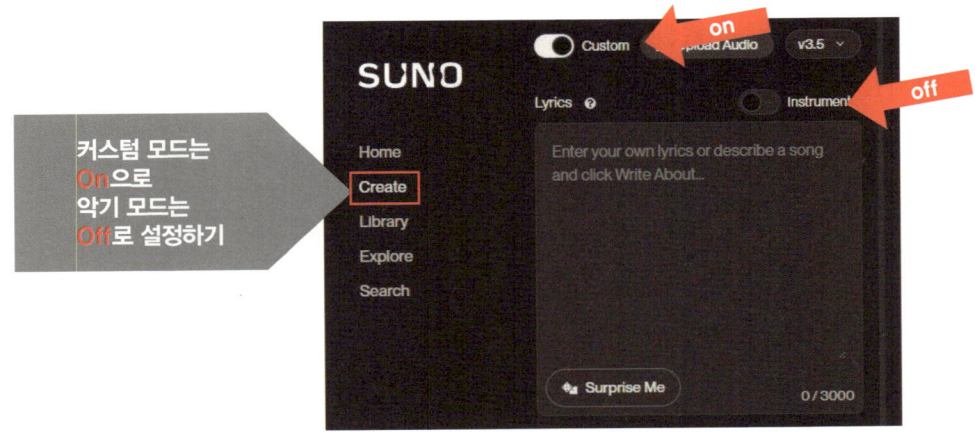

4) 작사 내용 붙이기, 음악 스타일 정하기, 노래 제목 넣기

5) 작곡 결과물 생성하기

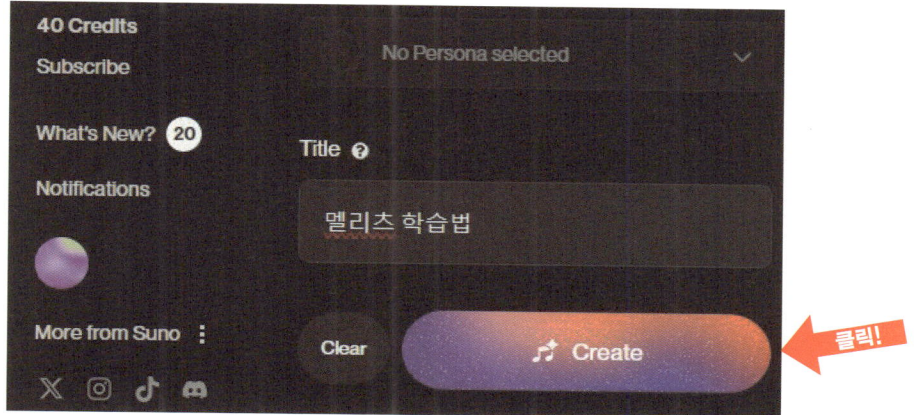

6) 두 개의 결과물 중에 선택하기

PART. 4

적용

**AI를
코칭과 수업에
적용하기**

멜리츠 청소년 AI 기술 활용 사회적 문제 해결 프로젝트
멜리츠 교수법 가이드 바로가기

[10]

AI로 지역사회 문제 해결하기

우리 동네 문제를 AI로 해결하다

'AI 기반 청소년 지역사회 문제 해결 활동'은 청소년들이 AI를 활용하여 지역사회의 문제를 실제로 해결해 보는 경험을 제공한다. 참가자들은 생성형 AI와 상호작용하며 지역사회의 다양한 문제를 식별하고, 이를 해결하기 위한 AI 솔루션을 개발하며 프로젝트를 실행한다. 이 과정에서 청소년들은 사회적 책임감을 강화하고 실제 기술 활용 능력이 향상된다.

진행 방식은 코딩 경험이 없는 교사와 함께 자연어로 코딩을 활용하여 진행된다. 이를 통해 참가자들은 자연어 처리 기반의 코딩 연습을 하며 간단한 머신러닝 모델을 구현한다. 또한, 머신러닝의 도구를 활용하여 지역사회 문제를 해결하는 구체적인 방법을 배운다. 이러한 경험은 청소년들이 기술적 솔루션 개발에 필요한 실질적인 지식과 기술을 습득하도록 돕는다.

"AI로 지역사회 문제 해결하기" 활동 진행 순서

1. 도입
청소년들에게 AI의 기본 개념과 이를 활용하여 지역사회 문제를 해결할 수 있는 방법을 소개한다. 프로그램의 목적과 기대 효과, 그리고 전체 수업의 흐름을 설명한다.

2. 문제 식별 및 분석
참가자들이 생성형 AI와의 상호작용을 통해 지역사회에서 실제로 존재하는 문제들을 탐색하게 한다. 그룹별로 문제를 선택해 해당 문제에 대해 깊이 있는 조사와 분석을 진행한다.

3. AI 솔루션 개발
자연어로 코딩을 활용하여 간단한 머신러닝 모델을 설계하고 구현하는 방법을 배운다.

4. 프로젝트 실행
개발된 AI 솔루션을 실제로 적용해 보는 프로젝트를 진행한다. 각 그룹은 자신들의 프로젝트 결과를 다른 그룹과 공유하며 피드백을 주고받는다.

5. 평가 및 반성
프로젝트의 결과를 바탕으로 그 효과를 평가하고 개선할 점을 찾는다. 청소년들은 프로젝트를 통해 얻은 지식과 경험을 바탕으로 자신의 사회적 책임감과 기술 활용 능력이 어떻게 향상되었는지 돌아본다.

6. 종합 및 마무리

수업 전체를 통틀어 학습한 내용과 경험을 요약하고, 앞으로 청소년들이 어떻게 AI 기술을 활용하여 지속적으로 사회 문제 해결에 기여할 수 있는지 논의한다.

"AI로 지역사회 문제 해결하기" 활동 진행 방식

1. '멜리츠 청소년 AI 기술 활용 사회적 문제 해결 프로젝트 챗봇' 활용하기

멜리츠 청소년 AI 기술 활용 사회적 문제 해결 프로젝트

작성자: By Kim sekwang

청소년을 위한 AI 기술 활용 사회적 문제 해결 프로젝트를 지역사회와 연계하여 진행할 수 있도록 아이디어를 제공하고 가이드함

| 프로그램 구성: 프로젝트에서 제공하는 AI ⋯ | 시작하기: 청소년을 위한 AI 기술 활용 ⋯ |
| 주제 정하기: 본 프로젝트에 적합한 주제를 ⋯ | 홍보하기: 본 프로젝트 참여를 독려하기 ⋯ |

📎 멜리츠 청소년 AI 기술 활용 사회적 문제 해결 프로젝트에게 메시지를 작성하세요. ⬆

2. AI로 지역사회 문제 해결하기 프로젝트에 관한 수업 설계

 나

중학생 열 명을 대상으로 AI 기술을 활용한 사회적 문제 해결 프로젝트 수업을 진행하려고 해. 학생들이 흥미있고 쉽게 이해할 수 있도록 작성해 줘. 특히 학생들은 부산 해운대에 거주하고 있어. 이러한 지역적 특색을 반영한 프로젝트를 구성해 줘. 아무래도 해양 쓰레기 문제가 좋을 것 같은데, 이를 위해 두 시간 정도의 프로그램을 작성해 줘.

 멜리츠 청소년 AI 기술 활용 사회적 문제 해결 프로젝트

해양 쓰레기 문제 해결을 위한 AI 기반 프로그램을 중학생들을 대상으로 한두 시간용 세션으로 구성해 보았습니다. 이 프로그램은 해양 쓰레기 인식 증진과 AI를 활용한 실제 해결 방안 모색을 목표로 합니다.

프로그램명: "해양을 지켜라: AI로 해양 쓰레기 분류하기"
대상: AI 기초 지식을 가진 중학생
시간: 총 두 시간
세부 프로그램 구성:

1. 개요 및 목표 설명 (10분)
- 활동 소개: 해양 쓰레기 문제의 심각성과 AI 기술을 활용한 해결 가능성을 소개한다.
- 목표 설정: 이 세션을 통해 해양 환경 보호에 대한 인식을 증진시킨다.

2. 해양 쓰레기 문제에 대한 브리핑 (20분)
- 문제 인식: 해양 쓰레기의 유형과 그로 인한 환경적 영향에 대해 설명한다.
- 지역 사례 연구: 해운대 해변에서 발견되는 쓰레기 종류 및 특징을 공유한다.

3. AI 솔루션 도입 (30분)
- AI 기술 설명: 이미지 인식 기술이 어떻게 해양 쓰레기 분류에 사용될 수 있는지 설명한다.
- 실습 준비: 간단한 AI 툴을 사용하여 쓰레기 이미지를 분류하는 방법을 소개한다.

4. 실습: AI로 해양 쓰레기 분류하기 (40분)

- 데이터 수집: 제공된 해양 쓰레기 이미지 데이터를 사용한다.
- 모델 학습: 학생들이 직접 Teachable Machine을 사용하여 쓰레기 분류 모델을 학습시킨다.
- 모델 테스트 및 피드백: 학습된 모델로 새로운 이미지를 분류해 보고 결과를 확인한다.

5. 결과 공유 및 토론 (20분)
- 프레젠테이션: 각 팀별로 모델의 성능과 학습 과정에서의 경험을 공유한다.
- 토론: AI 기술이 해양 쓰레기 문제 해결에 어떻게 기여할 수 있는지, 실생활에서의 응용 가능성을 논의한다.

6. 마무리 및 리플렉션 (10분)
- 피드백 수집: 프로그램에 대한 학생들의 의견과 개선점을 수집한다.
- 리플렉션: 오늘 배운 내용을 어떻게 일상생활 또는 미래 활동에 적용할 수 있을지 고민해 본다.

"멜리츠 교수법 가이드"로 Teachable Machine 활용법 알아내기

멜리츠 교수법 가이드

작성자: By Kim sekwang

멜리츠 학습법에 기반한 메타 교수법: "AI 기반 멜리츠 학습법"은 교육과 기술의 교차점에서 새롭게 등장한 학습 접근법이다. 이 방법론의 기본 철학은 사람인 중재자(mediator)의 역할 일부를 생성형 AI가 수행함으로써, 학습자 개개인의 필요와 수준에 맞춤화된 교육 경험을 제공하는 데 있다.

초등 3학년 과학 수업을 보다 효과적으로 …

영어 문법 5형식을 초등 4학년 수준으로 …

삼각함수를 잘 설명하기 위한 프롬프트를 …

고등 1학년 수준의 글쓰기 수업 계획서를 …

멜리츠 교수법 가이드에게 메시지를 작성하세요.

멜리츠 교수법 가이드 챗봇을 활용하여 코딩 프로그램을 습득해 보자.

 나
Teachable Machine을 한 번도 사용해 보지 못한 교사가 있어. 바로 활용할 수 있도록 쉽고 상세하게 알려 줘.

 멜리츠 교수법 가이드
Teachable Machine은 구글에서 개발한 기계 학습 도구로, 사용자가 경험이 없더라도 인공지능 모델을 쉽게 만들고 학습시킬 수 있도록 설계되었습니다. 사진, 소리, 자세 등을 인식하는 다양한 모델을 생성할 수 있습니다. 학교 현장에서 이를 활용하여 학생들에게 AI의 기본 원리를 소개하고, 학업적인 흥미를 유발할 수 있습니다.

시작하기 전: 웹사이트 접속
Teachable Machine 웹사이트에 접속하세요.

Teachable Machine 사용 방법
1) 프로젝트 생성: 웹사이트에 접속하여 화면의 "Get Started" 또는 "시작하기" 버튼이 보입니다. 이를 클릭하여 새 프로젝트를 시작하세요.

2) 모델 유형 선택: 이미지, 오디오, 포즈 중에서 학습시키고 싶은 모델의 유형을 선택하세요.
   - 이미지 프로젝트: 사람, 동물, 물체 등 이미지를 구분하는 모델
   - 오디오 프로젝트: 특정 소리를 인식하는 모델
   - 포즈 프로젝트: 사람의 특정 자세를 구분하는 모델

3) 데이터 수집: 수집하고자 하는 데이터의 예시를 추가합니다. 예시마다 포즈의 경우, 다양한 각도에서 사진이나 영상을 촬영합니다. 오디오의 경우, 다양한 음성을 녹음해 넣습니다.

4) 모델 학습: 데이터를 업로드한 후, "Train Model" 버튼을 클릭하여 모델을 학습시킵니다. 이 과정은 몇 분 정도 소요될 수 있습니다.

[부록]

Teachable Machine으로 코딩을 전혀 모르는 교사가 머신러닝을 설계하다!

1. teachablemachine.withgoogle.com 접속해서 '시작하기' 버튼 클릭

2. 이미지 프로젝트 : 해양 쓰레기 줄이기 활동에 적용하기

3. 모델 학습시키기 : 쓰레기의 종류대로 이미지를 학습시키기

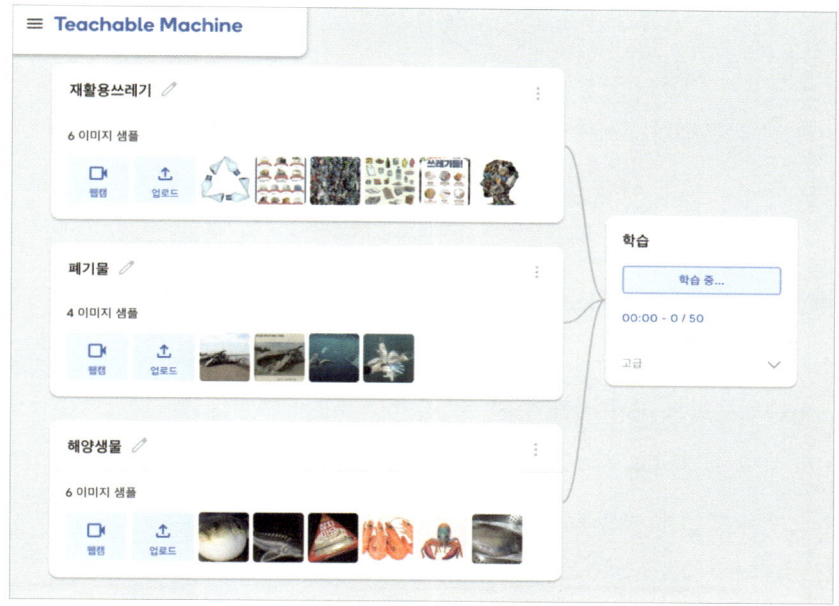

4. 출력값 확인하기 : 이미지를 식별해서 분류하는 것을 확인

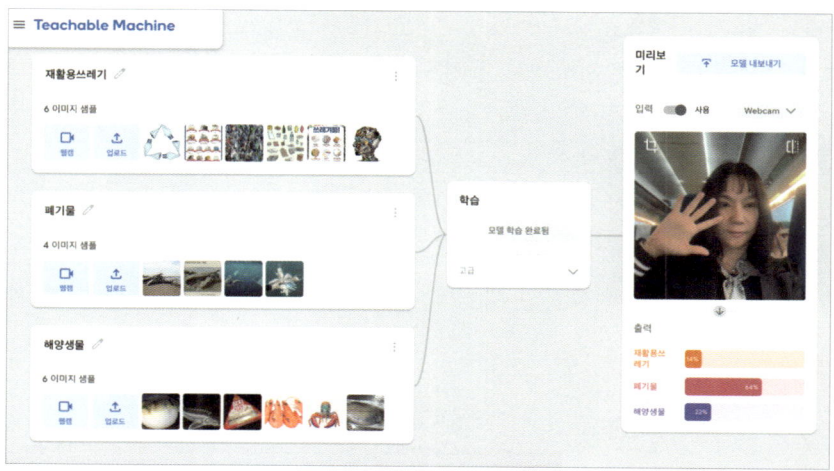

Teachable Machine을 통해 해양 쓰레기를 분류해 주는 모델링을 진행했다. 학생들은 소지품 및 자신의 모습을 웹캠을 통해 입력한 후 출력값을 확인했다. 재활용 쓰레기/폐기물/해양 생물 각각의 이미지들도 학생들이 직접 찾아서 인공지능의 학습자료로 활용했다. 활동에 참여한 학생들이 다음과 같은 피드백을 남겼다.

"AI 기반 청소년 지역사회 문제 해결"활동에 대한 피드백

- AI 기술의 사회적 적용 이해 증진

 "AI가 실생활 문제에 실질적인 도움을 제공할 수 있다는 걸 알게 되었어요."
 "AI 덕분에 환경 오염을 예방 방지할 수 있다는 점이 좋았습니다."

- 기술 활용에 대한 인식 변화

 "AI가 무서운 존재가 아니라 유용한 도구로서 활용될 수 있음을 깨닫게 됐어요. 기술에 대한 두려움이 감소하고 흥미가 생겼어요."
 "생각보다 재밌었고 신기하기도 했어요. AI가 마냥 무서운 존재만은 아니란 걸 느꼈습니다."

- 창의적 문제 해결 방법의 발견

 "AI를 사용함으로써 전통적인 방법에서 벗어난 새로운 해결책을 발견해서 좋았어요."

"AI가 다양한 해결책들을 제시해 줘서 새로운 시각을 갖게 됐고, 창의적으로 문제를 풀 수 있게 도와줬어요."

- **사회 참여와 책임감의 증대**

"기술을 활용해서 실제 문제를 해결해 보니 내 행동이 사회에 미치는 영향을 실감했어요. 내 행동과 역할이 중요하다는 생각을 했습니다."

"오늘 이렇게 쓰레기 때문에 피해를 받은 동물을 보고 나도 쓰레기를 줄여야 겠다고 생각했어요."

- **기술 활용의 다양성 인식 증진**

"AI 기술이 이렇게 다양하게 적용되는 걸 보고 효과도 알게 되니까 기술의 다양성과 유연성에 놀랐습니다."

멜리츠 AIGPS_생성형 AI 활용 가이드 바로가기

[11]

AI로 미래를 탐구하다

AI로 미래를 탐구하는 활동을 해 보자

"미래 탐구와 AI 활용 오리엔테이션" 수업은 청소년들이 미래 기술, 특히 인공지능의 발전과 그 영향을 이해하고 팀워크를 통해 그 지식을 실용적으로 활용하는 방법을 배우도록 설계되었다.

이 프로그램은 다음과 같은 주요 활동으로 구성된다.

1. "미래 탐구와 AI 활용" 활동 내용

▶ 미래의 일들을 예측하기

강의의 첫 단계에서 학생들은 각자의 스마트폰을 사용하여 미래에 가능한 일들에 대해 조사한다. 예를 들어, 자율주행 자동차, 로봇 의료기술, 스마트 홈 시스템 등과 같은 혁신적인 기술들이 어떻게 우리의 일상을 변화시킬지를 예측한다.

▶ **AI의 영향을 조사하기**

학생들은 인공지능이 사회, 경제, 교육 등 다양한 분야에서 어떤 실질적인 영향을 미치고 있는지에 대해 조사한다. 이 과정은 학생들이 AI 기술의 현 상태와 가능한 미래 상태를 이해하는 데 도움을 준다.

▶ **팀별 협업과 논의하기**

조사한 내용을 바탕으로 학생들은 소그룹을 형성하여 자신들의 아이디어와 발견한 정보를 공유한다. 이 과정에서 AI를 활용한 프로젝트 관리 도구를 사용하여 일정 조정, 과제 분배 등의 프로젝트 관리 요소를 최적화한다.

▶ **팀별 발표하기**

각 팀은 자신들의 조사 결과와 논의 내용을 바탕으로 전체 그룹 앞에서 발표를 진행한다. 이 활동은 학생들에게 공개적으로 의견을 제시하고, 효과적으로 커뮤니케이션하는 기술을 개발하는 기회를 제공한다.

2. 멜리츠 AI 활용 가이드 챗봇 활용하기

이 활동을 진행하면서 보조 진행으로 활용한 챗봇은 "멜리츠 AIGPS : 생성형 AI 활용 가이드"이다.

멜리츠 AIGPS : 생성형 AI 활용 가이드

작성자: By Kim sekwang

생성형 AI의 기능, 사용 방법, 활용 사례, 그리고 기술적인 질문에 대해 도움을 받을 수 있습니다.

| 생성형 AI를 활용하여 챗봇을 만들려고 하 … | 프롬프트에 대해 알려 주세요. |
| AI 활용이 처음이에요. 초보자를 위해 쉽게 … | 어떻게 하면 멋진 그림을 그릴 수 있을까요? |

멜리츠 AIGPS: 생성형 AI 활용 가이드에게 메시지를 작성하세요.

참가한 학생들이 각자의 스마트폰으로 미래 역량과 AI의 역할에 대한 정보를 찾고 팀 활동을 진행했다. 그 과정에서 해결되지 못한 주제를 "멜리츠 AIGPS : 생성형 AI 활용 가이드" 챗봇을 활용하여 심화 내용으로 탐색하게 되었다. "AI 활용이 처음이에요. 초보자를 위해 쉽게 알려 주세요"라는 질문에 대하여 챗봇의 다음과 같은 답변을 얻을 수 있다.

안녕하세요! AI 활용이 처음이시라니, 여기서부터 차근차근 시작해 봐요. AI를 사용하면 텍스트 작성, 이미지 생성, 데이터 분석 등 다양한 작업을 더 쉽게 할 수 있어요. 초보자도 쉽게 따라할 수 있도록, 아래에 간단한 가이드를 준비했어요.

1. 생성형 AI가 무엇인가요?

생성형 AI는 사용자가 입력한 텍스트를 바탕으로 새로운 결과물을 만들어 내는 기술이에요.
- 텍스트 생성: 블로그 글, 이메일, 보고서 등을 자동으로 작성
- 이미지 생성: 키워드를 입력하면 AI가 그림이나 사진을 제작
- 음성/음악 생성: 텍스트를 자연스러운 목소리로 읽거나 음악 작곡

2. 어디서 시작하면 좋을까요?
간단한 생성형 AI 도구를 사용해 보세요!

1) 텍스트 생성 도구
- 챗GPT(제가 여기에 해당합니다!): 질문에 답하거나 글을 쓰는 데 도움을 드려요.
- 사용 방법: 질문을 입력하거나 "블로그 제목 아이디어 만들어 줘"처럼 요청하세요.

2) 이미지 생성 도구
- DALL·E: "우주복을 입은 강아지 그림을 그려 줘" 같은 설명을 입력하면 AI가 이미지를 생성해요.
- 사용 방법: 이미지 설명을 자연스럽게 입력하면 끝!

3) 무료로 체험할 수 있는 도구
- Canva: 디자인 템플릿 + AI 이미지 생성
- Runway: 영상 편집과 이미지 생성
- 간단한 예제: 텍스트 생성 "봄 여행 추천지를 세 곳 알려 줘." → AI가 당신을 위한 여행지를 추천해 줍니다.
- 번역/요약: 긴 글을 입력하면 요약하거나, 외국어로 번역합니다.

3. 다음 단계: AI 활용 팁
명령어를 사용해서 AI에게 구체적으로 요청할수록 더 정확한 결과를 얻을 수 있어요.
예: "초보자를 위한 간단한 AI 사용법 알려 줘."

이 과정에서 학생들은 자신의 생활에 직접적인 도움이 될 수 있는 생성형 AI의 실용성에 대해서 새롭게 알게 되었다는 반응이었다.

이 프로그램은 청소년들에게 미래 기술의 이해뿐만 아니라 리더십, 협업, 프로젝트 관리와 같은 중요한 기술을 개발하는 데 큰 도움이 된다. 인공지능과 같은 첨단 기술을 활용하는 방법을 배우는 것은 청소년들이 미래 사회에서 중요한 역할을 할 수 있도록 준비시키는 데 중요한 단계이다.

3. "미래 탐구와 AI 활용" 활동 피드백

▶ **기술과의 긍정적 상호작용의 증진**

"오늘 폰을 켜서 글자를 통해 자기소개를 하는 게 신기했어요."(중1. 남)와 같은 의견은 기술을 통한 새로운 학습 방식에 대한 흥미와 호기심을 나타낸다. 이는 학생들이 기술과의 상호작용을 통해 학습에 더 몰입하고 적극적으로 참여하게 되는 경향을 보여 준다.

▶ **미래에 대한 탐구와 기대감 증가**

"미래에 대한 생각을 많이 하지 않았는데 미래와 관련 있는 내용을 배우니까 더 기억에 남고 앞으로 할 수업이 기대됐어요."(중2. 여)와 같은 반응은 미래 기술에 대한 교육이 학생들의 관심과 호기심을 자극하여 학습에 대한 동기를 부여한다는 것을 시사한다.

▶ **교사의 역할과 수업 방식에 대한 선호도**

학생들은 친근하고 흥미로운 교사의 지도 아래에서 수업을 받는 것을 선호했다. 교사의 역할이 학생들의 학습 경험에 중요한 영향을 미치며, 학생들이 즐거움을 느끼고 기대감을 가지게 하는 중요한 요소임을 나타낸다.

피드백을 통해, 미래 탐구와 AI 기술을 활용한 교육이 학생들의 학습 동기와 참여도를 증진시킬 뿐만 아니라, 기술에 대한 이해와 미래 사회에 대비하는 역량을 강화하는 중요한 역할을 할 수 있음을 확인할 수 있다.

멜리츠 청소년 심리상담 코칭
멜리츠 학습코칭 대화봇 바로가기

[12]

감성 및 학습코칭까지 가능한 AI

이 활동은 청소년들이 자신의 감정을 더 잘 이해하고 표현할 수 있도록 설계된 감성코칭 프로그램이다. 프로그램은 다음과 같은 몇 단계로 구성되었다.

1. 청소년 감성코칭 활동 내용

▶ 감정 인식 훈련

참가자들은 자신의 감정을 인식하고 이름을 붙이는 방법을 배운다. 이 단계에서는 다양한 감정의 종류와 감정이 발생하는 상황에 대해 학습한다.

감정 인식을 위해 감정 카드를 활용하고 각자 지난 주 느낀 감정의 이름을 알아본다.

▶ 글쓰기 훈련

청소년들은 자신이 겪은 경험과 그때 느낀 감정을 글로 표현하는 연습을 한다. 이를 통해 감정을 정확하게 표현하는 능력을 키운다.

▶ 또래 감성코칭 워크숍

참가자들은 감정 표현 워크숍을 실시하여 현재 느끼고 있는 감정에 대하여 감정 카드를 통해 개념화하고 가정하며 현재 느끼고 있는 감정을 분석하고 표현하는 연습을 한다. 이 과정에서 서로의 경험을 공유하며 상호 이해와 공감 능력을 향상시킨다.

▶ AI를 활용한 감성코칭 워크숍

참가 학생들이 또래에게 요청한 감성코칭의 주제를 AI 청소년 상담코치에게 질문한다. 이 과정에서 느끼는 친구들의 피드백과 AI의 피드백을 비교하고 어떻게 적용할지 생각해 보는 글을 작성한다.

▶ **피드백과 반성**

각 활동 후에는 교사의 피드백을 받고, 자신의 감정 표현 방식에 대해 반성해 보는 시간을 갖는다. 이를 통해 자기 이해를 더욱 깊게 하고 앞으로의 감정 표현에 있어서 더욱 성장할 수 있다.

위 활동을 통해 "멜리츠 청소년심리상담코칭" 챗봇이 탄생하게 되었다. 보통 챗봇을 개발한 후 학생들과의 상호작용이나 수업에 적용하는 것이 일반적인데 이 챗봇은 학생들이 무료버전으로 활용하거나 코파일럿으로 얻은 결과 값인 청소년들의 피드백을 반영하여 개발했다.

2. 청소년 감성코칭 활동에 대한 피드백

▶ **AI의 현실성과 부족함에 대한 인식**

참가자들은 AI에 부족함을 느끼고 있었다. "AI는 너무 현실적이고 내 마음을 잘 모르는데 사람들은 나에게 피드백을 잘해 줘서 좋다."(중2 여)

참가자는 AI의 현실적인 면을 인정하면서도 감정적인 부분에서는 인간이 더 나은 피드백을 제공한다고 느끼고 있다. 이 부분을 반영하여 감성적이면서도 따뜻한 피드백을 제공할 수 있는 챗봇으로 반영하게 되었다.

3. 멜리츠 청소년 심리상담 코칭봇

멜리츠 청소년 심리상담 코칭

작성자: By Kim sekwang

청소년 행복 코칭, 감정 코칭 등 청소년기의 심리적, 신체적, 감정적, 사회적, 학습적 어려움 등에 대한 코칭을 메타질문으로 안내해 주는 멜리츠 청소년 코칭입니다.

- 나는 중학교 1학년이야. 나는 친구 관계가 …
- 친구 관계가 왜 중요한지 알려 줘.
- 친구 관계가 뭔지 설명해줘.
- 인간 관계를 잘 하려면 어떻게 해야할까?

멜리츠 청소년 심리 상담 코칭에게 메시지를 작성하세요.

청소년 감성코칭 수업에서 학생들의 피드백으로 개발된 챗봇과 대화를 해 보자. 일반적인 챗봇과의 대화보다 따뜻하고 감성적이며 친구, 선배 같은 느낌을 준다.

 나
나는 중학교 1학년이야. 나는 친구 관계가 너무 힘들어. 어떻게 하면 친구 관계가 좋아질 수 있을까?

 엘리츠 청소년심리상담교실
안녕! 친구 관계가 힘들다고 느낀다면 정말 힘든 일이지. 너의 마음이 어떨지 알 것 같아. 친구들과의 관계를 개선하는 방법에 대해서 이야기해 볼까?

우선, 친구들과의 관계에서 어떤 부분이 가장 힘든지 생각해 보자. 친구들과 어떻게 상호작용하고, 또 무엇이 서로의 오해를 풀기 어렵게 느껴지게 하는지 찾아볼 수 있을까? 물론 우리가 느끼는 감정이나 생각이 다르기 때문에 전혀 답답하지 않다면 이야기를 좀 더 할 수 있어.

> 다음으로, 친구들과의 좋은 관계를 위해 내가 할 수 있는 긍정적인 행동이 무엇인지 생각해 봐. 예를 들어, 친구들의 이야기에 귀 기울여 주는 자세를 가지는 것도 관계를 개선하는 좋은 방법이 될 수 있어.
>
> 또한, 네 자신을 소중히 여기면서 친구 관계를 발전시키는 노력도 중요해. 자존감을 갖고 자신의 의견을 솔직하게 표현하는 것이 건강한 친구 관계를 만드는 데도 도움이 될 수 있단다. 네가 가장 어려워하는 점은 무엇인지, 어떤 부분에서 도움이 필요할지도 조금 더 구체적으로 이야기해 줄 수 있을까? 그러면 더 좋은 조언을 해 줄 수 있을 것 같아.

빠른 사회 변화와 학습코칭

변화하는 교육 환경

기술의 변화는 사회의 여러 변화에 영향을 미치게 된다. 특별히 최근 컴퓨팅 기술의 발달로 부각된 인공지능, 빅데이터, 인터넷의 보급 등은 교육의 목적과 방식도 빠르게 변화시키고 있다.

전통적인 교육에서 교육자와 학습자의 역할은 분명히 정해져 있었다. 교육의 목적이 과거에는 만들어진 지식을 암기하고 빠른 시간 안에 주어진 문제를 푸는 방식이었기 때문이다. 그러나 지금 홍수처럼 쏟아져 나오는 모든 지식을 학습자가 모두 안다는 것은 불가능해졌다. 끊임없이 새로운 영역의 기술을 습득하고, 문제를 찾아 해결할 수 있어야 한다. 이러한 학습자가 되기 위해서는 끊임없이 스스로를 동기부여해서 자기주도적으로 학습할 수 있는 능력이 요구되어진다.

배우는 방식 역시 매우 빠르게 변화하고 있다. 부모 세대는 무언가를 배우기 위해서 도서관이나 인터넷 검색을 했다. 그러나 이제 본격적인 인공지능 시대가 도래하면 읽기나 검색이 아닌 질문을 통해 답을 얻을 수밖에 없다. 질문을 하지 않는 학습자는 계속해서 도태될 수밖에 없다.

이제 자녀들에게 "가르치는" 부모에서 "가리키는" 부모로 변화해야 한다. 학습자가 자기주도적으로 학습을 하기 위해서 티칭이 아니라 코칭이 필요한 시대다. 때문에 우리 사회에는 코칭, 메타인지, 자기주도성과 같은 개별화된 학습방식이 필요하다. AI 활용 역량은 부모가 코치로서의 역할을 할 수 있게 만들어 준다.

메타인지와 학습코칭

메타인지란 '인지에 대한 인지' 즉, 자신의 사고과정을 인식하고 이해함을 의미한다. 이것은 학습자 자신이 스스로의 학습방식을 이해함으로서 효과적인 학습전략을 만들어 효율성을 높이게 된다. 메타인지 능력은 학습의 질을 증진시키며, 스스로의 성취를 높일 수 있는 매우 효과적인 인지 사용 방식이다.

"진정한 앎이란 내가 아는 것과 모르는 것을 아는 것이다"라는 말이 있다. 학습평가는 자신의 앎에 대한 확인으로서의 존재 가치가 있다. 아는 것은 확인하고 모르는 것은 배우면 된다.

A라는 학생이 수학시험을 준비하던 중 자신이 특정유형의 문제를 풀 때 자주 실수한다는 것을 발견했다면, 그는 메타인지 능력을 활용하여 자신의 오류 패턴을 분석하고, 추가로 연습할 영역을 파악할 수 있다. 이러한 훈련을 통해 자신의 약점을 보완하고 다음 시험에는 더 좋은 성취를 얻을 수 있다. 이러한 메타인지의 활용에서 우리는 더욱 사고를 확산하여 학생들에게는 메타학습(Meta learning)과 메타과제(Meta task)를 훈련하고, 교사들에게는 메타티칭(Meta teaching) 방법을 알려야 한다. 즉, 선생님도 자신들이 가르치는 것에 관한 프로세스를 스스로 돌아보며 약한 부분을 찾을 수 있다는 것이다. 메타인지를 측정하고 능력을 발전시켜 주는 것

은 교육 전문가들의 영역이었다. 그러나 이제 LLM 모델의 도입으로 시작된 다양한 AI의 활용은 학습의 필수 요소로 자리잡았다. 이런 메타인지를 발전시키기 위한 코칭은 세 가지 영역에서 진행될 수 있다.

1. 메타학습이란 학습을 하는 자신에 관해 알아 가는 것이다. 즉, 자신의 학습 스타일, 인지 기능의 오류, 선호도 및 효과적인 학습 전략을 포함한다. 학습자 자신이 자신의 학습과정을 어떻게 조직화하고 최적화할 수 있는지에 초점을 맞춘다. 이 책의 초반에 등장하는 단계별 인지 기능 오류에 관한 검사는 메타학습을 돕기 위한 스스로의 오류 기능을 이해하는 데 사용된다. 멜리츠 학습법에서는 학습자(자녀)의 메타학습을 위해서 개인화된 솔루션을 제공한다. 부모(교사) 자신만의 경험과 주장이 아닌 객관적인 데이터를 통해 자녀의 변화를 돕는 것이다.

2. 메타과제는 과제나 문제가 단순 암기나 계산 능력이 아니라 학습 과제를 설계하는 과정에서 상위 수준의 사고를 필요로 하는 과제를 의미한다. 학습자가 주어진 과제에 관한 비판적인 사고를 하고, 다양한 해결책을 모색하는 것을 말한다. 특정 지식에 관한 연구에서 다양한 정보 소스를 비판적으로 분석하고 통합하는 것은 메타과제 성취의 좋은 예가 될 수 있다. 멜리츠 학습법에서는 10단계 학습 프로세스를 제공함으로 초보 학습자도 지식을 개념화할 수 있는 길을 열었다. 이에 따라 부모나 교사의 역할은 이제 지식의 전달자가 아닌 점점 더 공부하는 법을 알려 주는 안내자 또는 동기를 부여하는 촉진자의 역할을 하게 될 것이다. 그렇다면 부모가 먼저 공부에 사용될 수 있는 최고의 기술인 AI와 친숙해져야 한다.

3. <u>메타티칭</u>은 교사가 자신의 가르치는 방식을 성찰하고, 학생들에게 가장 효과적인 학습 경험을 제공해 주는 과정이다. 내용 뿐만 아니라 교수 방법 자체에 대한 지속적인 모니터링이 포함된다. 메타 티칭 역량이 있는 교사는 직접 가르치는 과목이 아니어도 여러 부분에서 학습자의 역량을 향상시킬 수 있다. 이 부분에서 AI를 사용하는 부모(교사)와 그렇지 않는 교사는 매우 큰 역량의 차이가 날 것이다.

학습코칭 전략

코칭이란 기본적으로 지식을 넣어 주는 방식이 아니라, 학습자 안에 있는 잠재력을 사용하게 돕는 일이다. 학습코칭도 마찬가지다. 지식을 넣거나 암기시키는 것이 아니라 학습자 안에 있는 잠재력을 찾아주는 것이다.

코칭은 좋은 질문을 통해서 동기부여 시키고, 자신의 정체성을 찾고, 발전하는 데 큰 도움이 된다. 이러한 작업을 수행하기 위해서 코칭은 프로세스를 통해서 학습자를 안내한다. 학습코칭에 있어 가장 중요한 것은 일정한 프로세스의 패턴이 있어야 한다는 것이다.

일반적으로 코칭은 순서를 설명하는 모델이 있는데, GROW 모델을 기본으로 한다. 목표 설정(Goal), 현실 탐색(Realism), 대안 마련(Options), 의지 확인(Will)순서이다. 간단하지만 이러한 프로세스는 강력한 힘이 있다. 다음은 필자가 학생들을 코칭할 때 사용하는 변형된 버전인 SPARK 모델이다.

1. 마음 체크 Spirit Check

학습 시작 전에 학생의 현재 정서적, 정신적 상태를 확인한다. 이 단계에서는 학생이 학습에 임하는 태도, 동기, 그리고 스트레스 레벨을 평가하여 학습 효과를 최대화할 수 있는 정서적 기반을 마련한다. 이 단계는 학습의 3대 요소인 학습 동기, 학습 전략, 학습 습관 중에 첫 번째에 해당하는 것이다. 학습자의 참여를 돕기 위해서 다음과 같은 질문으로 학습자의 마음을 이해할 수 있다.

- 공부하려고 하는 자신의 기분을 한 단어로 표현한다면 무엇인가?
- 오늘 학습을 하려고 하는 자신의 태도나 기대감은 무엇인가?
- 공부를 하려고 하는 마음의 온도는 몇 도일까? (1도~10도까지)

2. 목표 설명 Purpose Setting

학습자(자녀)와 함께 단기 및 장기 학습 목표를 설명한다. 이 목표들은 구체적이고 측정 가능해야 한다. 그리고 학생들의 궁극적인 학습 동기와 연결되어 있어야 한다. 목표는 동기부여의 원천이 된다. 또한 학습 방향을 명확히 하는 데 매우 중요한 역할을 한다. 다음과 같은 질문을 통해 학습자의 목표 설정을 도울 수 있다.

- 이번 학습에서 달성하고 싶은 가장 중요한 목표는 무엇인가?
- 이 목표를 설정한 이유는 무엇인가? 이 목표가 자신에게는 어떤 의미가 있나?
- 이 목표를 달성했을 때 어떤 변화가 일어날까?

3. 실행 Action

이 단계에서는 설정된 목표를 도달하기 위해서 구체적인 행동 계획을 수립한다. 일정 관리, 자원 활용, 과제 우선순위 설정 등 실질적인 학습 활동이 이루어진다. 계획된 행동을 실행하는 과정에서 자기주도적인 학습 능력을 키울 수 있다. 이러한 실행을 위해서 다음과 같은 질문을 할 수 있다.

- 이 계획을 언제부터 시작할 수 있을까?
- 내가(코치) 이 계획을 실천하는데 어떤 도움을 줄 수 있을까?
- 그렇다면 바로 시작할 수 있을까?

4. 현실체크 Realism Check

정기적으로 학습과정과 결과를 평가하며 현실적 피드백을 제공한다. 이 단계에서 학습 목표의 달성 정도와 학습 방법의 효과성을 검토한다. 필요한 경우 학습계획을 조절한다. 이 부분은 지속적으로 학습의 효과를 높이기 위해서 학습의 장애물을 제거하는 것이다. 이 단계에서 다음과 같은 질문을 할 수 있다.

- 공부할 때 가장 큰 장애물은 무엇일까? 어떻게 극복할 수 있을까?
- 지금까지 계획한 내용이 잘 진행되고 있나?
- 설정한 목표를 도달하기 위해서 무엇이 더 필요한가?

5. 핵심단어 반영 Key Reflection

이 단계는 학습과정이나 코칭을 하는 동안 핵심적인 교훈과 성찰을 돌아본다. 대화를 통해 발견한 '키워드'를 정리하고, 이를 바탕으로 자기발전을 위해 다음 단계를 계획한다. 핵심 단어를 찾는 것은 학습자에게 동기부여와 칭찬이 될 수 있다. 다음과 같은 질문을 통해서 핵심단어를 반영할 수 있다.

- 선생님(부모)과의 대화 중에 가장 중요하게 느낀 깨달음은 무엇인가?
- 얻은 교훈 중에 학습에 반영하고 싶은 것은 무엇인가?
- 이 대화를 통해서 자신에 대해서 새롭게 알게 된 점은 무엇인가?

부모(교사)를 위한 멜리츠 학습코칭 봇

초등학교 6학년 학생의 방과 후 과제를 SPARK 코칭으로 듣고 싶은데 어떻게 해야 할지 질문해 보자.

 멜리츠 학습코칭봇

초등학교 6학년 학생의 방과 후 과제를 SPARK 코칭으로 듣는 방법을 알려드릴게요. SPARK 코칭의 각 단계별로 접근하는 것이 좋습니다.

1. Spirit Check (현재 상태 파악)
- 학생의 현재 감정 상태, 의욕, 피로도 등을 확인합니다.
  - "오늘 학교에서 어떤 일이 있었니?" 혹은 "방과 후 과제 때문에 어떤 생각이 드니?" 같은 질문을 통해 이야기를 들어 줍니다.

2. Purpose Setting (목표 설정)
- 과제를 하며 얻으려는 목적이 무엇인지 기대할 부분을 스스로 찾을 수 있도록 돕습니다.
  - "이번 과제를 마쳤을 때 가장 뿌듯할 것 같은 부분은 뭐니?" 등의 질문을 통해 과제를 끝냈을 때의 기대 부분이 가장 중요한 동기부여 요소가 되도록 합니다.

3. Action (계획 수립)
- 과제를 해결하기 위해 필요한 구체적인 계획을 세우도록 합니다.
  - "어떤 순서로 과제를 시작하는 게 좋을까?" 혹은 "이제 과제를 시작해 볼까?" 같은 식으로, 과제 수행을 위해 필요한 준비사항을 정리할 수 있도록 도와줍니다.

4. Realism Check (현실성 점검)
- 계획이 학생의 현재 상황에 적합한지 검토하는 단계를 거칩니다.
  - "이 시간에 할 수 있는 계획일까?"와 같은 질문을 통해 실현 가능성을 스스로 평가할 수 있도록 합니다.

5. Key Reflection (주요 성찰)
- 과제를 마친 후, 과제 수행 경험을 되돌아보며 성찰하는 단계입니다.
  - "과제를 마치고 나니 가장 뿌듯한 점은 무엇이니?"와 같은 질문을 통해 성공적인 학습 경험을 만들어가는 데에 더 큰 의미를 부여할 수 있도록 합니다.

SPARK 코칭은 학생의 자율성을 존중하며 스스로 해결책을 찾을 수 있도록 질문을 통한 성찰을 이끌어 주는 것이 핵심이다. 지속적으로 학생의 긍정적인 면을 찾도록 칭찬을 더 해 줘야 한다.

삼자대화법 (Triadic Dialog)

자녀와 대화가 안 된다면 코칭은 요원한 일이다. 그래서 그리스도인들이 반드시 알아야 할 삼자대화 방식을 소개하고자 한다. 대화에 교사, 학생, 그리고 제 삼자(성령)의 관점이나 주제를 포함한다. 학습자와의 직접적인 쌍방의 상호 작용 뿐만 아니라 그 자리에서 함께하고 계시는 성령님의 존재를 인식하는 대화 방법이다. 함께 하시는 성령의 지혜를 구할 때 교사(부모)는 그분으로부터 더 큰 지혜를 얻을 수 있다. 뿐만 아니라 학습자(자녀)도 대화에 함께하시는 성령님으로부터 큰 지혜를 공유할 수 있다. 우리는 이러한 삼자대화 방식을 활용하여 대화와 학습이 예배의 확장임을 확인할 수 있다.

대화(Dialogue)는 무엇인가?

대화는 "두 사람 이상이 함께 나누는 이야기"로 정의되어진다. 우리의 대화가 어려워지는 데에는 몇 가지 원인이 있다. 우선, 학습자(자녀)의 말 속에 있는 행간의 의미를 찾지 못하기 때문이다. 말에는 드러난 의도와 숨겨진 의도가 있다. 이러한 차이를 알지 못하기 때문에 대화가 독백이 된다. 학생들과의 대화 가운데 숨겨진 진짜 의미를 찾는 것은 코치로서 부모(교사)의 능력이다. 만일 자녀가 대화를 거부하거나 피한다면 그 문제의 가장 큰 원인은 대화가 아닌 부모의 대화 방식이다. 부모(교사)가 독백을 하기 때문이다.

　부모가 자녀와의 대화에서 독백을 할 때는 몇 가지 상황이 있다. 첫 번째는 자녀를 칭찬할 때다. 자녀에게서 내가 좋아하고 자랑하고 싶은 것을 발견할 때 부모의 말은 길어진다. 그리고 계속해서 좋은 결과를 원한다는 것을 장황하게 말한다. 이러한 상황에 이야기가 길어지고 있는 자신을 발견한다면 본인이 독백을 하고 있는 것이다. 두 번째, 자녀에게서 내가 감추고 싶거나 못마땅한 부분이 발견될 때이다. 아이는 듣지도 않고 있는데 계속해서 잔소리를 하고 있는 스스로의 모습을 발견한다면 독백을 하고 있는 것이다. 세 번째로, 자녀의 말이나 행동에서 내가 관심을 갖고 있는 것을 발견할 때다. 언제나 대화가 없었던 아버지도 자신의 관심사를 자녀가 말한다면 이야기를 길게 할 수 있다. 이것이 독백이다.

　대화가 독백이 되지 않게 하기 위해서는 주고받아야 한다. 그리고 부모의 목적을 달성하기 위한 방식으로 대화를 사용하지 않고, 자녀를 인정하고 존중하는 태도로 대화를 해야 한다. 이것이 학습코칭에도 기본이 되는 자세다. 그리고 더 중요한 것은 우리의 대화 가운데 항상 성령님께서 함께하신다는 것을 인식해야 한다. 성령님께서 부모에게 하시는 말씀도 있지만 자녀에게 직접 하시는 말씀도 있다는 것을 명심해야 한다. 그렇기 때문에 자녀의 말을 인정해야 하는 것이다.

성공적인 학습코칭을 위해서 피해야 할 것들

1. 과도한 충고(Give Advice)

　학습자(자녀들)를 코칭할 때 가장 많이 하는 실수가 과도한 충고를 하는 것이다. 자녀가 말을 듣든지 말든지 필요 없이 자신의 경험에 비추어서 계속해서 충고하는 것은 대화를 망치는 일이다. 이성적으로는 객관적 데이터 중심의 대화를 하고, 정서적으로는 인정, 칭찬, 격려를 지혜롭게 해야 한다. 그리고 정말 필요하다면 꼭 필요한 충고만 해야 한다.

2. 판단하기(Judging)

학습코치는 학습자와 함께 동행하는 사람이다. 그렇지 않고 재판관의 자리에 앉으려고 할 때 문제가 발생한다. 재판관의 자리는 하나님의 자리다. 누군가를 지도하다 보면 재판장의 자리에 앉고 싶어 하는 욕망을 갖게 된다. 모든 것을 알고, 판단하는 재판관의 자리에 부모가 위치해서는 안 된다.

3. 주제에서 벗어난(Diverting) 대화 내용

한 번에 하나씩 조언을 해야 한다. 그렇지 않고 주제에서 벗어날 때 학습자는 혼란을 느낀다. 대화를 통해서 대화 주제를 좁히는 것이 코칭 기술이다. 오늘 함께 대화할 주제를 탐색해서 그 주제에서 벗어나지 않게 해야 한다.

4. 일반화(Generalizing)

만일 코치(부모가) 학습자에게 "다들 그런 거야"라는 식의 말을 한다면 대화는 어려움에 봉착하게 될 것이다. 누구나 자신의 과제나 어려움을 일반화하는 것을 싫어하기 마련이다.

5. 투사(Projecting)

학습자를 충고할 때 코치 자신이 겪은 상황이나 어려움을 가지고 말하지 말아야 한다. 비슷할 수는 있지만 같은 상황은 없다. 이러한 상황에서도 항상 겸손하게 부모의 경험을 내려놓고 자녀를 만나야 한다.

6. 머리로만 대화하기

학습에 있어서 인지, 정서, 행동은 모두 균형 있게 제공되어야 한다. 그렇기 때문에 우리가 머리로만 대화하는 것을 피해야 된다. 때로는 가슴으로 대화를 가져와서 학습자를 공감하고, 인정하는 태도를 보여야 한다. 그렇게 동기를 부여하는 것이 학습 동기를 높이는 길이다.

성공적인 학습코칭을 위한 시작과 마무리 전략

먼저 학습코칭을 시작하는 단계에서는 학습자의 현재 상태를 측정하는 것이 중요하다. 코칭의 목적은 현재 학습자의 상태를 더 좋은 곳으로 갈 수 있게 동행하는 것이다. 그렇다면 지금 어떤 상태인가를 확인하는 것이 중요하다. 코치(학부모)의 상태가 중요한 것이 아니라 학습자(자녀)의 현재 상황이 중요한 것이다.

예를 들어 만일 마음의 온도를 측정할 수 있는 온도계가 있다면 1~10도까지 중에 학습자의 마음은 몇 도인가? 주관적이지만 측정 가능하게 계량화하는 것이 중요하다. 개인적인 경험으로, 충분한 학습을 하기 위해서는 10도가 최고 수준이라고 볼 때 학습자가 최소 7도라고 말해야 한다.

또한, 학습을 위한 안전한 공간을 만들어야 한다. 학습은 성장하는 곳이지 평가 받거나 재판하는 곳이 아니다. 성장을 위해서는 가장 안전한 공간을 만들어야 한다. 학습에 있어 자신이 어떤 질문을 해도 성실하게 존중하며 답을 해 줄 코치가 학습자에게 필요하다. 특별히 한국사회는 질문하는 사람들이 많지 않다. 그 이유는 자신의 수준이 드러날 수 있고, 판단 받을 수 있다고 느끼기 때문이다. 학습은 대화를 통해서 이루어진다. 그렇기 때문에 자신을 표현할 수 있어야 한다. 스스로 설명할 수 없는 지식은 자신의 지식이 아니다.

세 번째로 이러한 분위기를 만들기 위해서 우리가 끊임없이 추구해야 할 것이 인정, 지지, 칭찬, 격려이다. 대화의 곳곳에 들어가야 한다. 학습자의 말이나 감정을 인정하고, 주장을 지지하고, 칭찬하고 격려해야 한다. 이러한 관점에서 볼 때 챗GPT와 같은 LLM 모델은 학습자들에게 긍정적 피드백을 한다. 학습자가 부담 없이 인공지능 코치에게 질문할 수 있는 이유는 언제나 변함없이 인정, 지지, 칭찬, 격려하면서 받아 줄 수 있도록 설계되어 있기 때문이다. 이런 관점에서 볼 때 생성형 인공지능을 코칭에 적절히 활용했을 때 큰 효과를 기대할 수 있다.

사명선언문

너희가 흠이 없고 순전하여……세상에서 그들 가운데 빛들로
나타내며 생명의 말씀을 밝혀 _ 빌 2:15-16

1. 생명을 담겠습니다
만드는 책에 주님 주신 생명을 담겠습니다.
그 책으로 복음을 선포하겠습니다.

2. 말씀을 밝히겠습니다
생명의 근본은 말씀입니다.
말씀을 밝혀 성도와 교회의 성장을 돕겠습니다.

3. 빛이 되겠습니다
시대와 영혼의 어두움을 밝혀 주님 앞으로 이끄는
빛이 되는 책을 만들겠습니다.

4. 순전히 행하겠습니다
책을 만들고 전하는 일과 경영하는 일에 부끄러움이 없는
정직함으로 행하겠습니다.

5. 끝까지 전파하겠습니다
모든 사람에게, 땅 끝까지, 주님 오시는 그날까지
복음을 전하는 사명을 다하겠습니다.

서점 안내

광화문점	서울시 종로구 새문안로 69 구세군회관 1층 02)737-2288 / 02)737-4623(F)
강남점	서울시 서초구 신반포로 177 반포쇼핑타운 3동 2층 02)595-1211 / 02)595-3549(F)
구로점	서울시 동작구 시흥대로 602, 3층 302호 02)858-8744 / 02)838-0653(F)
노원점	서울시 노원구 동일로 1366 삼봉빌딩 지하 1층 02)938-7979 / 02)3391-6169(F)
일산점	경기도 고양시 일산서구 중앙로 1391 레이크타운 지하 1층 031)916-8787 / 031)916-8788(F)
의정부점	경기도 의정부시 청사로47번길 12 성산타워 3층 031)845-0600 / 031)852-6930(F)
인터넷서점	www.lifebook.co.kr